헤겔을 넘어서는 헤겔

HEGEL WO KOERU HEGEL

by MASAKI NAKAMASA

© MASAKI NAKAMASA 2018
All rights reserved.
Original Japanese edition published by KODANSHA LTD.
Korean translation rights arranged with KODANSHA LTD. through Tony International.

헤겔을 넘어서는 헤겔

나카마사 마사키 | 이신철 옮김

도서출판 b

서문 — 헤겔의 무엇이 중요한가?   9

맑스와 한 세트로 말해진 헤겔 | 새로운 '헤겔상'의 출현 | 현대 사상 맥락에서의 참조

제1장 '역사의 종언'과 '인간'   15

'역사의 종언'   17
'냉전의 종언'과 철학적 테제 | 맑스주의의 패배라는 '종언' | 헤겔 역사 철학의 요점

코제브가 본 헤겔: '정신'이란 무엇인가?   23
'역사의 종언'을 둘러싼 해석 | '정신'의 발전 운동과 자기반성의 도식 | 이성의 '보편성'
문제와 '진보'의 얽힘 | '역사'에는 손대지 않았던 철학자들 | 경험적 사회 과학 방법론과의
연결

'자유'를 추구하는 투쟁   31
'공동체'와 자기실현 | '절대정신'에 대한 견해 | '자유'에서의 자기실현 가능성 | 홉스와
루소의 '자유' | '시민 사회'에 근대적 의미를 부여하다 | '일반적 이념'과 '법', '인륜',
'국가' | 현실의 투쟁과 소모전도 긍정

'역사'의 종언과 나폴레옹   40
계몽 사상가와 프랑스 혁명 | 독일에서 발전한 자유주의 | 헤겔=코제브의 귀결

'역사'가 끝난 후   47
미국을 '계급 없는 사회'로 형용 | '인간성'을 상실하고 '동물성'으로 회귀 | '포스트 역사'에도
'인간'이 존속할 가능성 | 무역사적으로 형성된 또 하나의 인간성

또 하나의 '역사의 종언' 방식   54
하버마스의 헤겔 이해 | 리오타르는 '역사를 하나의 '이야기'로 삼았다 | 하버마스와 리오타
르의 상이점 | 언어 철학적 문제

제2장 '주인'과 '노예'의 변증법　　　　　61

'주인/노예'의 투쟁이란?　　63
인간의 정신세계 내에서만의 존재 ┃ 인간 상호 관계에서의 '주인'과 '노예' ┃ '신체'와 '정신'의 통일 ┃ '주인'의 '정신'적 주체로서의 자각

'주인/노예' 관계에 숨어 있는 모순　　70
'노예'의 양면성 ┃ '주인에 대한 공포'가 '지혜의 시작' ┃ 헤겔의 '노동'론 ┃ 인간의 '자기+타자' 의식의 발전

'노동'을 둘러싼 투쟁　　77
'인정'과 '자기의식' ┃ '욕망'하는 것이야말로 자유로운 '인간적 자아'의 조건 ┃ '투쟁'으로부터 '역사'가 시작된다 ┃ '역사의 종언' 테제는 '주인/노예' 변증법의 귀결

'주인/노예'의 '계급투쟁'　　83
'주인'보다 자기의 일을 더 잘 알고 있다 ┃ '주인'에 대한 요구 ┃ 인정을 둘러싼 투쟁사의 종언 ┃ 국가에서 '공민'으로서 '인정'

'인정'과 '죽음'　　90
'정신'과 '교양의 세계'의 이중화 ┃ '절대적 자유'의 위태로움 ┃ '순수한 일반의지=절대적 자유'의 위험 ┃ 종교의 본질을 철학적 앎에 의해 파악 ┃ '인간'의 '종언'을 둘러싼 중요한 주제

'주체성'='종속성'　　97
'인간으로서의 삶'을 버리다 ┃ 푸코가 알린 '인간의 종언' ┃ '규율 권력'에 의한 '신민' ┃ '불행한 의식'과 '양심' ┃ 푸코가 문제로 삼은 '욕망'의 한정

'주체'의 행로　　107
'주체'의 불안정화 ┃ '절대지'의 존재 ┃ '절대지'의 역설적 성격 ┃ 지젝의 라캉 재해석

제3장 인정론과 공동체　　　　　115

헤겔과 윤리　　117
보수적 이미지의 도덕 철학 ┃ '계몽의 변증법'에 대한 철학의 저항

헤겔과 아도르노　　121
'노동'과 '욕망'을 둘러싼 문제 계열 ┃ '시민 사회'의 '비동일성'을 평가 ┃ 동일성'은 가상인가? ┃ '동일성'을 고집하게 하는 현상을 '물화'라고 불렀다 ┃ 거짓된 '동일성'의 완성에 손을 빌려주다

규정된 부정　129
'부정=규정'을 스피노자로부터 배우다 ｜ 자세하게 '규정'하고 구별하다 ｜ 헤겔 변증법의
재구축 ｜ '규정된 부정'이라는 전략적 태도 ｜ 아도르노와 포퍼의 대립점

현대의 '인정'론　137
정치사상에서의 '인정' 문제 ｜ 테일러의 유연한 자유주의 ｜ '주인과 노예'의 변증법과 루소
형의 '평등한 존엄'

초기 헤겔의 '인정'론　143
호네트가 참조한『인륜의 체계』｜ 세 가지 차원의 인정이 축 ｜ 미드의 사회 환경 속에서의
자기 발달론 ｜ 새로운 사회 이론의 전개 가능성

규범과 역사　149
로티의 '프래그머티즘'으로부터의 관점 ｜ '정신' 발전론과의 거리 ｜ 브랜덤의 규범 형성과
'화용론' ｜ 주체성의 역사적 발전을 강조 ｜ 하버마스의 보편적 의사소통론 ｜ 도덕의 보편성

'안티고네'를 둘러싼 투쟁　159
'법 대 도덕' 또는 '실정법 대 자연법' ｜ '공동체적 심정'과 '범죄'를 저지르는 자 ｜ 고차적
관점에 서서 '종합' ｜ 버틀러의 정신분석적 해석 ｜ 탈오이디푸스적인 윤리의 가능성

제4장 '역사'를 보는 관점　　　　　　　　　　　　　　　　167

헤겔에게서 '역사'와 '철학'　169
역사를 참조하여 앎의 체계를 구축 ｜ 미래는 불확정이라는 문제 ｜ '절대지'의 취급

'우리에 대해'　174
'앎'의 대상이 '의식'의 내용인 경우 ｜ '경험'에서 '우리'의 입장이 형성된다 ｜ 의식의 본질을
둘러싼 문제를 제기

'우리'의 내력과 행로　180
'모든 것을 아는 이야기꾼'에 대한 헤겔의 역설 ｜『정신현상학』이 보여주는 순환 구조 ｜
가다머의 '지평 융합'

'우리에 대해'의 실천　186
'이성적인 것=혁명의 이상' ｜ 키르케고르와 하이데거의 입장 ｜ 하버마스의 리터와 로티
비판 ｜ 헤겔의 형이상학화와의 결별

관찰자와 행위자　193
아렌트와 헤겔의 역사관 ｜ 비코와 헤겔은 '역사가이자 철학자' ｜ '기술자' 관점을 지닌

'역사가' 맑스 ㅣ '주시자'인가 '행위(참여)자'인가?

역사의 폐허에 대한 눈길   200

헤겔=맑스 계열 역사 철학에 대한 비난 ㅣ 벤야민적이고 낭마주의적인 역사가상 ㅣ 파농의
'주인/노예'의 변증법에 대한 언급 ㅣ '헤겔이 쓸 수 없었던 것'

후기를 대신하여 — '이유'가 상실될 때   209

헤겔의 현대 사상에서의 위치 ㅣ '이유의 공간'론을 둘러싼 논의

옮긴이 후기   215

서문 — 헤겔의 무엇이 중요한가?

맑스와 한 세트로 말해진 헤겔

얼마 전까지 '헤겔'은 '철학'을 뜻하는 자가 통과해야만 하는 반드시 읽어야 하는 고전이었다. '헤겔'을 빼놓고서 '이성', '정신', '자유', '시민 사회', '법', '국가', '역사'에 대해 말하는 것은 가능하지 않았다. 좁은 의미의 철학 연구자뿐만 아니라 사회 과학과 문학, 역사학 등을 공부하는 사람에게도 '헤겔'은 학문적·체계적 사유 방법을 연마하는 기초였다. 인식론, 존재론, 논리학, 법철학, 도덕 철학, 종교 철학, 역사 철학, 자연 철학, 미학과 같은 철학의 각 부문을 아우르는 '헤겔'의 체계는 많은 사람을 매료시켰다.

근대 철학의 결절점이라고도 말해야 할 '헤겔'은 그의 최대 비판자인 '맑스'와 하나의 세트로 말해지는 경우가 많았다. 맑스주의의 핵심이라고도 말해야 할 '유물론적 역사관'과 '유물론적 변증법'이 각각 헤겔의 '정신' 중심의 역사관과 변증법을 극복하는 것으로서 구상되었기 때문이다. 젊은 맑스(1818~83)가 헤겔 철학을 독일 당대의 현 상황을 변혁하기 위한 사상으로 전용하고자 한 헤겔 좌파의 영향권 안에 있었고, 그 영향에서 벗어나고자 하는 과정에서 독자적인 사상을 산출한 것은 잘 알려진 일이다. 맑스주의의 역사 속에서 '헤겔'은 자본주의적 현 상황을 긍정하는 부르주아(시민)적 이데올로기의 화신으로서 배척되는 경우가 자주 있었지만, 헝가리의 맑스주의 이론가 루카치(1885~1971)나 실존주의와 맑스주의의 융합을 꾀한 사르트르(1905~80)처럼 '헤겔'로 회귀함으로써 '맑스'의 독해 방식을 쇄신하고 새로운 이론의 원천으로 삼고자 한 사상가도 적지 않았다.

새로운 '헤겔상'의 출현

그러나 1989년의 베를린 장벽의 붕괴로 '맑스'의 지적 권위가 떨어짐에 따라 '맑스'의 원천이자 가장 강력한 적인 '헤겔'의 존재 의의도 저하되게 되었다. 맑스주의의 유물론적 역사관이나 계급투쟁 역사관이 역사의 방향성과 '종점=목적Ende'을 예견하는 형이상학적 역사 철학으로 여겨져 신용이 실추되자 그것과 같은 이유에서 같은 모양으로 역사 철학을 강점으로 하는 헤겔 철학도 무언가 수상쩍은 것으로 다루어지게 되었다. '역사철학'은 그리스도교의 구원 사관이나 종말 사관을 되살린 것이며, 과학적으로 근거 지어진 이론이라고 할 수 없다고 여겨지게 되었다. '(투쟁의) 역사의 종언'은 '역사 철학의 종언'이기도 했다. 그런 까닭에 '헤겔'의 영향은 상당히 약해지고, 피히테(1762~1814) 및 셸링(1775~1854)과 더불어 독일 철학사의 한 시기(19세기 전반)를 대표하는 철학자들 가운데 한 사람이라는 조촐한 자리매김이 이루어지게 되었다는 느낌이다.

그러나 근대 철학(사)을 총괄하는 특별한 존재로서의 '헤겔'이 참조되는 일이 적어진 한편으로, 전문 분야와 씨름하고 있는 주제들에서 보면 헤겔과 그리 인연이 없어 보이는 사상가가 자기 착상의 원천으로서 헤겔의 텍스트를 언급하고 독자적인 헤겔 해석을 드러내는 것을 자주 볼 수 있게 되었다.

'철학' 그 자체와 같은 거대한 '헤겔' 상이 붕괴한 것이 어떤 의미에서는 다행이어서 맥락마다 전혀 다른 사람으로 보이는 헤겔들이 출현해 온 것과 같은 양상을 드러내고 있다.

현대의 뜻밖의 헤겔학파로서 특히 두드러지는 것은 공동체주의의 대표적 논객의 한 사람이자 다문화주의를 옹호하는 캐나다의 철학자 찰스 테일러(1931~), 라캉학파 정신분석을 자본주의 비판과 영화 비평에 응용하는 것으로 알려진 슬라보예 지젝(1949~), 분석 철학에서의 네오프래그머티즘이라고 불리는 조류를 대표하는 로버트 브랜덤(1950~), 포스트모던 페미니즘의 기수로 '젠더'나 '섹스'와 같은 기본 개념의 철저한 변용을 시도하는 주디스 버틀러(1956~)의 네 사람일 것이다. 모두 다 현대 철학의 중요한 인물들이다.

조금 시대적으로 거슬러 올라가면, 제2차 대전 이전과 이후의 프랑스에서는 알렉상드르 코제브(1902~68)와 장 이폴리트(1907~68) 두 철학자의 독특한 헤겔 해석이 메를로-퐁티(1908~61)와 자크 라캉(1901~81)을 거쳐 현상학과 구조주의 이후의 프랑스 현대 사상 전반에 영향을 미치고 있다. 질 들뢰즈(1925~95)와 자크 데리다(1930~2004)의 사상은 각각 독자적인 관점으로부터의 '헤겔' 비판이 되고 있다. 코제브는 냉전의 종언을 예언하는 형태로 이루어진, 전 미국 국무부 참모이자 정치학자인 프랜시스 후쿠야마(1952~)의 '역사의 종언'론에도 강한 영향을 미쳤다는 것이 알려져 있다. 또한 전후 독일의 사회사상을 이끈 프랑크푸르트학파는 헤겔의 역사 철학과 변증법을 적극적으로 되살리고자 했다. 이 학파 제2세대의 대표인 위르겐 하버마스(1929~)는 보편적 도덕 법칙과 의사소통의 가능성을 고찰하는 데서 칸트주의적인 입장에서 헤겔과의 대결을 시도하고 있으며, 제3세대의 대표 악셀 호네트(1949~)는 초기 헤겔의 인정론을 현대의 사회 문제에 적용하고자 시도하고 있다.

현대 사상 맥락에서의 참조

이 책은 그러한 '헤겔'들이 현대 철학에서 수행하고 있는 역할로부터 거꾸로 더듬어 가는 형태로 헤겔 철학의 의의를 다시 생각하고자 시도한다. 정통적인 헤겔 입문서라면 젊은 헤겔에 대한 프랑스 혁명의 영향이나 초기 헤겔의 그리스도교 신학과의 비판적 대결로부터 시작하여 『정신현상학』(1807) → 『논리의 학』(1821) → 『역사 철학 강의』(1822~31)라는 순서로 헤겔의 체계가 점차 완성으로 향해 가는 과정을 그려야 할 것이다. 그러나 그러한 유형의 입문서는 지금까지 많은 책이 간행되어 있으므로 지금 다시 같은 것을 한 권 더 늘리는 것은 그리 의미가 없어 보인다. 그에 더하여 다양한 영역에 걸쳐 있는 헤겔의 주요 저작들을 신서 사이즈의 입문서에서 전부 다루고자 하면 각 책마다의 내용은 상당히 희박해진다. 아니 그보다는 그렇게 해서 희박해지면 오히려 '근대'가 직면한 문제 모두를 예견한 '헤겔', 철학의 모든 부문을 포괄하는 '헤겔'의 체계적 사유, 그 이후의 모든 철학자를 자기 손바닥 위에서 춤추게 하는 '앎의 거인 헤겔'……과 같은 과장된 구호를 내걸고서 강인하게 헤겔을 추대하게 되는 경향이 있다.

헤겔이 근대 철학의 주요 주제들 대부분을 포괄하는 형태로 자기의 체계를 구축했다고 하는 것은 틀림없다. 하지만 그것을 지금 와서 다시 소리 높여 외치더라도 그저 분위기를 깰 뿐이다. 나로서는 그렇게 짐짓 고압적인 태도를 보이기보다는 '정신'을 중심으로 하는 '역사'의 발전 법칙을 그려낸 거대한 시대적 사상가임에도 불구하고, 여전히 계속해서 참조되는 헤겔, 또는 그러한 거대한 시대적 사상을 해체하고자 하는 바로 그 현대 사상의 맥락에서 빈번하게 참조되는 헤겔이라는 기묘한 존재를 몇 가지 현실적인 주제에 근거하여 그려내 보고 싶은 것이다. '현대 사상에서의 헤겔'이라는 이 책 주제의 성격에 비추어 볼 때 헤겔 그 사람의 담론보다는 현대 사상가들의 담론 속에 등장하는 다양한 — 서로 간에 정합성이 있다고는 할 수 없는—'헤겔'들에 대해 말하게 됨으로써 정통적인 헤겔 상으로부터는 상당히 어긋나게 될 것이다. 헤겔 자신의 텍스트들로부터의 인용은 그다지 많지 않다. 이 책은 헤겔 입문적인 것을 기대하고 있는 독자로 향해 있지 않다. 그 점에 대해서는 미리 단정해 두고 싶다. 열심 있는 독자를 어느 사이엔가 사유의 미로로 유혹해 들여 자신이 어디에 있는지 알지 못하게 하는 '헤겔'들의 매력을 조금이라도 전할 수 있다면 다행일 것이다.

제1장

‘역사의 종언’과 ‘인간’

'역사의 종언'

'냉전의 종언'과 철학적 테제

「서문」에서 조금 언급했듯이 1989년의 냉전 종결을 전후하여 당시 미국 국무부의 정책 참모이자 그 후 네오콘(신보수주의)의 논객으로서 알려지게 되는 프랜시스 후쿠야마의 논문 「역사의 종언?The End of History?」 (1989)이 화제가 되었다. 그것은 이 논문이 이데올로기 대결이 이어진 20세기 역사는 서구 자유 민주주의의 최종적 승리로써 종언한다는 것을 분명히 예고하고 있었기 때문이다.

이 논문이 발표된 것은 1989년 여름이며, 베를린 장벽이 붕괴한 11월 9일은 그 후의 일이었다. (구)소련에서의 고르바초프(1931~2022)에 의한 페레스트로이카(개혁)와 글라스노스트(정보 공개) 추진 그리고 소련 내의 경제·민족 문제의 심각화와 동구 여러 나라에서의 반체제 운동의 동시 발생적 활성화 등에 의해 동방 측이 상당히 약화하고 있는 것으로 보였던 것은 확실하지만, 몇 개월 안에 소련이 동구와 서구를 가로막고 있는 그 사이의 장벽을 제거하고, 전면적인 체제 전환을 받아들이게 된다는 것을 현실적으로 예상한 전문가는 당시에는 거의 없었다. 후쿠야마의 분석·통찰이 과녁을 맞히고 있었던 것인지 아니면 (구)동독 주변 상황의 행운과 같은 우연이 겹쳐 때마침 맞아떨어졌을 뿐이었던 것인지 그 어느 쪽으로도 말할 수 없지만, 결과적으로 그의 논문에서의 '예언'이 성취되었다. 그는 '냉전의 종언'을 '예언'한 정책 전문가로서 주목받게 되었다.

게다가 '냉전의 종언'을 '예언'했을 뿐인 데 그치지 않는다. 그는 '냉전의 종언'이 '역사의 종언'이기도 하다는 지극히 철학적인 테제도 제시하고 있다. 외교 논문답지 않은 그 부분도 주목받게 되었다.

우리가 목격하고 있는 것은 단순한 냉전의 종언이나 전후 역사의 특수한 한 시기가 지나갔다고 하는 것이 아니다. 역사 그 자체의 종언이다. 요컨대 인류의 이데올로기적 진화와 인간적 통치의 최종 형태로서의 서구 자유 민주주의의 보편화라는 종착점이다. 이것은 『포린 어페어즈』 지에 의한 국제 정세의 연간 요약 페이지를 채우고 있는 사건들이 이미 없어진다는 것이 아니다. 왜냐하면 자유주의의 승리는 주로 관념과 의식 영역에서 일어난 것이지 실재하거나 물질적인 세계에서는 아직 미완이기 때문이다. 그러나 장기적으로 보아 이상이 물질적 세계를 지배하게 된다는 것을 믿어야 할 강력한 이유가 있다. 무슨 까닭에 그러한 것인지 이해하기 위해서는 우선 역사 변화의 본성에 관한 몇 가지 이론적 문제를 고찰해야만 한다.

맑스주의의 패배라는 '종언'

이렇게 '역사의 종언'을 둘러싼 철학적인 문제를 제기한 다음, 후쿠야마는 이러한 논의의 선구자로서 물질적 힘들의 상호 작용에 의한 역사의 발전 법칙을 정식화하고 그 법칙에 기초하여 그때까지의 사회 형태의 모든 모순을 해결하는 유토피아가 최종적으로 도래한다는 것을 예언한 맑스를 들고 있다. 맑스에 대해 그리 상세한 것을 알고 있지 못한 독자들을 위해 간단히 설명하고자 한다.

맑스나 맑스주의에 따르면, 인류의 역사는 생산 양식의 발달에 따라 원시 공산제 사회 → 노예제 사회 → 봉건제 사회 → 자본주의 사회 → 사회주의 사회 → 공산주의 사회라는 순서로 발전한다. 역사의 '시작'과 '종언'에 위치하는 '공산주의 사회'는 계급이 없고 모두가 평등하게 활동하고 성과를 서로 나누는 사회다. 하지만 그 사이에 놓여 있는 것은 생산 수단을 소유하는 계급과 그에 종속된 피지배 계급으로 이루어지는 계급 사회다. 계급 사회는 지배 계급이 피지배 계급의 노동력을 착취하고 부를 축적하는 메커니즘을 본질로 하지만, 생산성을 상승시키기 위해 생산 양식을 변화시켜 가면, 계급 지배의 토대가 무너지고 계급투쟁이 일어난다. 예를 들어 봉건제 사회에서 공업화를 꾀하고자 하면, 농민(농노)을 토지에 붙들어 두는 봉건제로부터 해방한 다음, 산업 구조 전체를 자유화할 필요가 있다. 그리하여 종래의 질서를 유지하고자 하는 봉건 세력과 새롭게 대두한 부르주아지(자본가 계급) 사이에서 계급 대립·투쟁이 필연적으로 일어난다. 그리고 부르주아지가 공장에 모은 노동자의 노동력을 착취하여 자본을 증식하게 되면, 자기의 노동력을 되찾아 좀 더 생산적으로 노동하고자 하는 프롤레타리아트(노동자 계급)의 욕구가 높아져 간다. 그러한 계급투쟁의 역사는 프롤레타리아트의 부르주아지에 대한 승리로 사실상 종결되고, 이후에는 프롤레타리아트의 지배 아래서 계급적 착취의 원인이었던 사유 재산제의 유물을 서서히 청산하여 고도로 발달한 생산 기술을 기반으로 하는 제2의 공산주의 사회로 이행하게 된다. 그것이 맑스주의에서의 '역사의 종언'이다.

두 개의 힘의 대립을 원동력으로 하여 '종언'으로 향해 가는 역사 발전 법칙을 그려내고 영향을 주었다는 점에서 후쿠야마는 맑스를 철학적인 '역사의 종언'론의 '주요한 논객'이라 하고 있지만, 다른 한편으로는 관건이 되는 '종언'에 대한 예상은 빗나가고 말았음을 시사한다. 빗나가고 말았다기보다 그의 이름 위에 씌워진 실천의 철학, 맑스주의의 패배라는 형태로 '역사'는 '끝나게' 된다는 것이다. 그렇다면 대단히 얄궂은 사태다. 물론 후쿠야마는 야유를 담아 맑스에 대해 언급한 것일 터이다.

헤겔 역사 철학의 요점

그리고 후쿠야마는 그러한 맑스의 이론적 원천으로서 '게오르크 빌헬름 프리드리히 헤겔'에 대해 언급한다.

좋든 나쁘든 헤겔의 역사주의는 우리의 오늘날의 지적 자산의 일부가 되어 있다. 인류가 현재에 이르기까지 원시적 의식의 일련의 단계들을 통과함으로써 진보해 왔으며, 그러한 단계들은 부족 사회, 노예제 사회, 신정 정치 사회 그리고 최종적으로 평등주의·민주주의 사회라는 사회적 조직의 구체적 형태들에 대응해 있다는 사고방식은 근대적인 인간 이해와 분리될 수 없다. 헤겔에게는 인간이 그 역사적·사회적 환경의 산물이며, 그 이전의 자연권론자들이 상정하고 있었듯이 많든 적든 고정된 '자연'의 속성의 집합체가 아니었다는 점에서, 헤겔은 근대 사회 과학의 언어를 이야기한 최초의 철학자였다. 과학 기술의 응용에 의한 인간의 자연환경에 대한 정복과 전환이라는 사고방식은 본래 맑스주의의 관념이 아니라 헤겔의 그것이다. 그러나 그 역사 상대주의가 어이없이 상대주의로 떨어져 버린 후의 역사주의자들과는 달리, 헤겔은 역사가 절대적 순간에서 정점에 도달한다고 믿고 있었다 — 그것은 사회와 국가의 최종적이고 합리적인 형태가 승리하는 순간이다.

여기에 헤겔 역사 철학의 중요한 요점이 간결하게 기술되어 있다. 역사 속에서의 사회 발전과 인간 지성의 발전이 대응해 있다는 것은 인간 지성이 발전함에 따라 자신들의 욕망을 실현하기 위한 사회적 조직과 물리적 환경을 만들어 내고, 일단 이루어진 조직과 환경이 이번에는 인간 지성과 도덕·사회성에 작용하여 더 나아간 지성의 발전을 촉진하며, 그것이 다시 사람들에게 고차적인 조직과 환경을 구축하게 하는 방향으로 움직이게……하듯이, 작용/반작용이 거듭됨에 따라 지성과 사회적 조직의 발전이 서로 관계하면서 나아간다는 것이다. 일반적으로 헤겔의 '변증법'이라고 불리는 사물의 발전 운동은 이러한 서로 맞서 놓여 있는 두 개의 항 — 이 경우에는 지성(안)과 환경(밖) — 사이의 상승 작용을 통해 진행해 간다.

그 이전의 '자연권론자'라는 것은 칸트(1724~1804)나 그 시대의 합리주의 철학자, 프랑스 혁명의 지도자들처럼 인간에게는 태어난 시점에서 자연권의 근거가 되는, 다른 동물에게는 없는 이성적 본성이 갖추어져 있다고 상정하는 철학자들이다. 역사 상대주의로 떨어진 후의 역사주의라는 것은 역사 진보의 방향성을 상정함이 없이 각 시대에는 각각 고유한 의의가 있으며, 뒤처져 있다든가 좀 더 전진해 있다든가를 판정하는 보편적 기준은 없다고 하는 사유 방식이다. 요컨대 헤겔은 인간이란 이 지상에 탄생한 순간부터 훌륭한 인간성을 갖추고 있는 것도 아니지만, 역사 속에서 환경과 상호 작용하면서 점차 이성을 발전시키고 하나의 존재해야 할 목표로 향해 가는 역사를 그려낸 것이다. 실증할 수 있는 현실에만 주목하는 것도 아니고 도덕적 이성에 의해 발견되는 보편적·추상적 이상에만 구애되는 것도 아니라 현실과 이상 사이에 다리를 놓는 것으로서의 '역사'를 파악한 것이다.

'현실'이 '이상'에 일치해 가는 과정으로서 '역사'를 파악하는 사유는 그리스도교의 구원 사관이나 종말 사관에 특징적이지만, 그리스도교에서는 역사의 '종말 = 목적' — '종말'을 의미하는 독일어의 〈Ende〉, 영어의 〈end〉나 프랑스어의 〈fin〉에는 '목적'이라는 의미도 있다 — 을 정한 것은 신이며, '역사'가 그 '종말 = 목적'으로 향해 나아가는지 아닌지를 인간의 지혜로는 확인할 수 없다(고 생각되고 있었다). 당연히 인간의 활동이 역사의 발전 방향에 영향을 주는 일은 없다. 헤겔이 획기적이었던 것은 인간 자신의 활동, 그리고 자기의 활동에 대한 인간의 반성적 앎이 '역사'의 방향에 영향을 주고, 그리하여 머지않아 역사가 최종 목적에 도달하리라는 것을 사회 과학적인 고찰로써 예견하는 방법을 보여주었다는 점이다.

코제브가 본 헤겔: '정신'이란 무엇인가?

'역사의 종언'을 둘러싼 해석

다만 헤겔의 주요 저작들을 살펴보는 한에서 자유 민주주의의 승리에 대해 직접 언급하는 부분은 없다. 헤겔의 역사관에 대한 그러한 해석을 제시한 것은 러시아 출신의 프랑스 철학자 알렉상드르 코제브이다. 후쿠야마도 논문에서 코제브에 대해 언급하고 있다. 코제브가 1933~39년에 프랑스의 고등 연구소에서 행한 헤겔의 『정신현상학』에 대한 강의에는 구조주의적 정신분석의 개척자가 된 라캉, 신비 체험을 문화 인류학적인 견지를 교차시켜 논의한 조르주 바타유(1897~1962), '성스러운 것'과 '놀이'를 둘러싼 평론으로 알려지는 로제 카이와(1913~78), 프랑스에서의 현상학을 주도한 메를로-퐁티, 보수 계열 논단의 대표 격인 레이몽 아롱(1905~83), 초현실주의를 대표하는 시인 앙드레 브르통(1896~1966) 등, 프랑스의 현대 철학·문학의 핵심 인사들이 다수 출석하였으며, 그들을 통해 그 강의는 프랑스 현대 사상에 강한 영향을 계속해서 미치고 있다. 강의 기록은 『헤겔 독해 입문』(1947년 초판, 1968년 제2판)으로서 출간되었다.

코제브에 따르면 예나 전투(1806)에서 승리한 나폴레옹(1769~1821)이

당시 헤겔이 살고 있던 예나 시내로 들어오는 것을 보았을 때, 헤겔은 '역사의 종언'을 확신했다. 그때의 모습에 대해 헤겔은 1806년 10월, 친구에게 보낸 편지에서 다음과 같이 말하고 있다. '나는 황제, 이 세계정신이 정찰을 위해 말을 타고서 시내를 통과해 가는 것을 보았습니다.' 코제브는 이 유명한 구절과 『정신현상학』에서의 인간 정신의 발전 도식을 서로 겹쳐 봄으로써 '역사의 종언'을 둘러싼 해석을 끌어낸 것이다.

'정신'의 발전 운동과 자기반성의 도식

어떠한 것인지 조금씩 확인해 가자. 예나 전투라는 것은 나폴레옹이 이끄는 프랑스군과 프로이센군의 전투이며, 프랑스 측의 승리로 끝났다. 프랑스군은 프로이센의 수도 베를린에 입성하고 프로이센 전역이, 나아가서는 프로이센을 중심으로 단결해 있던 독일 영방 대부분이 사실상 프랑스의 지배 아래 놓이게 되었다. 프랑스 혁명에 열광한 헤겔 등의 그 세대 독일인들에게는 프랑스 혁명을 실현한 이성이 오랜 봉건 체제를 이겨내고 새로운 시대, 자유가 꽃 피어나는 시대를 열어젖힌 것으로 보인 것이다. 그 1년 후에 간행된 『정신현상학』에서 헤겔은 모든 인간에게 내재하고 그의 이성적 사유를 이끄는 '정신Geist'이 세계사를 이끈다는 장대한 도식을 그리고 있다. 코제브는 거기서 연속성을 읽어냈다. 『정신현상학』에서는 '나폴레옹＝세계정신'이라고 분명히 언명되고 있는 것은 아니지만, '정신'의 세계 규모에서의 운동을 의미하는 '세계정신Weltgeist'이라는 말은 사용되고 있다.

여기서 헤겔이 말하는 '정신'이라는 개념이 어떠한 것인지 간단히 확인해 두자. 독일어의 〈Geist〉, 또는 그에 상응하는 영어 〈spirit〉이나 프랑스어 〈esprit〉는 ① 개인의 '정신'이라는 의미에서도, ② 시대와 문화를 규정하고 있는 지적 분위기와 경향의 의미, 또는 ③ '(인간과 신의) 영'이라는 의미에서도 사용된다. 헤겔은 ①과 ②에 걸친 의미에서, 그리고 ③도 그 배경으로서 암시하는 의미에서 이 말을 사용하고 있다. 즉, 개개의 인간의 '정신'은 서로 고립해 있는 것이 아니라 문화적 관습과 제도, 법과 경제 등을 통해 상호 영향을 주고받으면서 좀 더 합리적인 방향을 향해 계속해서 발전하는 것이다. 사람들의 연계로서의 사회 속에서 나타나는 '정신'은 마치 한 사람의 인격처럼 자신의 과거로부터 현재에 이르는 발걸음을 반성적으로 되돌아보고 미래를 향해 방향을 잡은 것으로 보인다. 그리하여 사회와 역사 속에서 활동하는 '정신'은 마치 신의 영에 의해 이끌리고 있는 것으로 보인다. 다시 말하면 신의 영과 같은 것이 인간들의 신체에 육화하여 개개 인간들의 정신에 깃들면서 자기의 본래적인 (신으로서의) 존재 방식을 탐구하고 있는 것으로도 보이는 것이다.

그러한 '정신'의 발전 운동과 자기반성의 도식을 철학적으로 엄밀한 형태로 그려낸 점에 헤겔의 새로움이 있다. 신의 영이 역사를 이끌고 최종적으로는 스스로 육화함으로써, 요컨대 신의 아들 예수의 탄생이라는 형태로 '종언'을 준비했다는 견해는 그리스도교 신학의 대전제이지만, 신학적 대전제를 처음부터 전면에 내세우는 것으로는 근대적인 학문이 될 수 없다. 헤겔은 신의 영을 배경으로 물리고 인간들의 사회적 상호 관계에 나타나는 '공동체(인륜)적 정신der sittliche Geist'에 초점을 맞춤으로써 근대적 앎에 적합한 객관적인 형태로, 요컨대 19세기의 경험적 사회 과학에 적합한 형태로 역사의 '발전 = 전개Entwicklung' 과정을 관찰하고 분석하는 것을 가능하게 한 것이다.

이성의 '보편성' 문제와 '진보'의 얽힘

'역사'가 인간의 이성에 의해 일정한 방향으로 진보하고 있다는 견해는 18세기의 프랑스 계몽주의자들에 의해 널리 퍼져 있었지만, 인간의 '이성'

자체는 어떻게 진보하고 있는 것인지와 도대체 진보하고 있는 것인지에 대해서는 철학적으로 다듬어진 고찰에 기초하는 대답이 없었다. 존 로크(1632~1704)와 데이비드 흄(1711~76)으로 이어지는 영국 경험론의 접근이나 인식의 조건을 둘러싼 칸트의 비판적 합리주의의 고찰 등, 개인의 인식 능력에 관한 연구는 축적되어 있었지만, 사회를 구성하는 사람들의 이성의 진보에 대해서는 충분한 논의가 이루어지고 있지 않았다. 각각의 시대마다의 지적 분위기를 보여주는 '시대정신Zeitgeist'이라는 개념은 문화와 언어를 중시하는 요한 고트프리트 헤르더(1744~1803) 등에 의해 도입되어 있었지만, 그다지 엄밀하게 규정되어 있었던 것은 아니고, 또한 '진보'와 관계지어져 있었던 것도 아니다— 헤르더는 보편적 진보의 역사를 상정하는 것에 회의적이었지만, 이성의 진보를 이론적으로 단적으로 부정했던 것도 아니다.

18세기의 철학자들에게는 '이성의 진보'와 밀접하게 관계되는 또 하나의 해결해야 할 이론적 과제가 있었다. 그것은 정신 또는 이성의 '보편성'을 둘러싼 문제이다. 비유럽 세계의 발견과 국민nation 의식의 고양과 더불어 유럽 나라들의 언어와 문화의 다름이 의식되게 됨으로써 인간의 사유틀은 어디까지 공통적이며 어디서부터 다른 것인지, 다른 세계관을 가지고 있는 사람들의 상호 이해는 가능한 것인지와 같은 문제들이 제기되게 되었다. 도덕과 법의 기반이 되는 이성과 정신이 근본적으로 다르다면, 이질적인 자들이 하나의 사회에서 공존하기는 어렵다. 칸트가 이성에 의한 대상의 인식이나 도덕적 판단의 보편적 구조를 해명하고, 피히테가 그것을 이어받아 보편적 이성에 기초하는 학문의 체계화를 구상했던 데 반해, 헤르더와 괴테(1749~1832)는 문화권마다의 정신이 지닌 창조력의 다원성을 강조했지만, 양 진영은 서로 다른 차원에서 논의를 수행하고 있었고, 서로 맞물리고 있지 않았다.

그에 더하여 그것이 '진보'와 어떻게 연결되는 것인가 하는 문제도 있다. '역사'가 '이성의 진보'를 보장한다고 하면, 그것은 사람들의 상호 이해가 점차 촉진된다는 것인가, 그렇지 않으면 사람들의 사유 방식의 다름이 한층 더 두드러지고 화해는 불가능하게 된다는 것인가? 헤겔은 각 사람에게 내재하는 '정신'이 점차 상호 이해를 깊이하고 지역마다 공통된 문화와 제도를 길러내면서 점차 하나의 최종 형태로 진화·수렴해 가는 과정을 '정신'의 '교양＝형성Bildung'이라는 개념을 사용함으로써 해명했다. 〈Bildung〉이라는 것은 '(자기)형성'이라는 의미와 지적인 공유 재산, 기본적인 소양이라는 의미에서의 '교양'이라는 의미를 아울러 지니는 독일어이지만, 헤겔은 이것을 공동체적 정신이 (마치 한 사람의 인격처럼) 점차 자기 형성함에 따라 사람들이 공유하는 지적 문화 수준과 행동 방식이 다듬어지고, 그것이 전자에게로 피드백되는 사태를 가리키는 개념으로 사용하고 있다. 이 개념을 멋들어지게 사용함으로써 사람들의 이성적 사유와 도덕적 판단 기준·실천이 서로 좀 더 합리적으로 되어 가는 방향으로 수렴해 가는 과정을 설명한 것은 흄도 루소(1712~78)도 칸트도 달성할 수 없었던 헤겔의 커다란 공적이라고 말할 수 있을 것이다.

'역사'에는 손대지 않았던 철학자들

코제브의 견해에 따르면, 헤겔은 나폴레옹의 승리를 단지 한 개인의 군사적 천재의 산물이 아니라 그때까지 문화권마다의 '공동체적 정신'으로서 여기저기 흩어져 나타나 전체상이 보이지 않았던 '세계정신'이 그 모습을 나타낸 순간으로 본 것이다.

하지만 실제로 프랑스 혁명의 이상을 실현하고 완성하는 자로서 파악하는 것이 아니라면, 나폴레옹을 '파악한다comprendre'는 것은 도대체 어떠한 것일까? 그리고 계몽Aufklärung, 빛의 세기의 이데올로기를 파악하지 않고서 이 이상, 이 혁명을 파악할 수 있을까? 일반적으로 말하면 나폴레옹을 파악하는 것, 이것은 그 이전의 역사 발전 전체와 연관하여 그를 파악하는 것이며, 그것은 보편적 역사 전체를 파악하는 것이다. 하지만 헤겔과 동시대의 철학자는 거의 누구도 이 문제를 자기에게 부과하지 않았다. 그리고 헤겔을 제외하고 누구도 이 문제를 해결하지 못했다. 왜냐하면 나폴레옹의 존재를 수용하고 그것을 정당하게 평가하는 것, 즉 자기의 철학과 인간학, 역사관의 제1원리에서 출발하여 그의 존재를 '연역'할 수 있었던 것은 헤겔뿐이었기 때문이다. 다른 철학자는 나폴레옹을 규탄하는 것이 자신의 의무라고 생각하고 말았다. 그것은 역사적인 실재를 규탄하는 것이자 바로 그로 인해 그들의 철학 체계는 모두 이 실재에 의해 규탄되었다.

그때까지의 철학자들은 프랑스 혁명의 완성자로서의 나폴레옹이 유럽의 역사를 대대적으로 변화시킨 사태를 자신의 철학 체계 속에 자리매김하고 그것이 생겨난 원인과 의의를 설명할 수 없었다. 조금 희화화하여 표현하자면, '철학'은 자기의 사변적 영위와 역사적 현실을 관계시킬 의지도 능력도 없는 채 순수한 '이론'의 세계, 스스로가 상정하는 '이상'의 세계, '이성'을 — 아무런 장애물도 없이 — 자유롭게 활동시킬 수 있는 세계에 틀어박혀 있었다. 이성에 의해 제어할 수 없을 뿐만 아니라 예측하기조차 어려운 우연한 사건들의 연쇄에 지나지 않는 '역사'는 '철학'의 관할 밖이었다. 어떠한 역사적 대사건도 특정한 개인들의 기분이나 감정적 요소를 다분히 포함한 행위들에서 기인하는 것인 이상, 철학으로서는 손댈 수 없었다.

그러나 18세기에 들어서서 과학 기술의 급속한 발달, 화폐를 중심으로 한 시장 경제의 시스템적인 완성, 미국 독립 전쟁과 프랑스 혁명과 같은 시민 혁명 등에 의해 사람들의 세계관이 크게 동요하고, 사람들의 사유 양식, '이성'의 존재 방식 자체가 그 근저로부터 변동하고 있는 것을 철학자들도 인정하지 않을 수 없게 되었다. '이성적으로 사유하는 철학'

자신이 실은 역사의 산물일지도 모른다. 칸트는 『세계 시민적 견지에서 본 일반사의 이념』(1784) 등의 역사 철학적인 저작에서 '철학'이 '역사'에 관계하는 통로를 탐구했지만, 체계적인 역사 철학을 전개하는 데는 이르지 못했다.

경험적 사회 과학 방법론과의 연결

헤겔은 나폴레옹의 승리와 프로이센의 패배라는 자신들의 사유의 존재 방식을 변화시킨 역사적 대사건을 자기의 '철학' 체계 속에 자리매김하는 데 성공했다(고 코제브는 본다). 헤겔에게 '철학'은 '역사'적인 현실과 깊이 서로 연결되어 있다. 이러한 헤겔이 상정하는 '역사'와 '철학'의 관계는 '철학'에 대해 두 가지를 의미한다.

하나는 앞에서 '진보' 문제에 근거하여 보았듯이 현실의 '역사'의 발전 법칙이나 경향을 해명하는 것이 '철학'의 과제가 되었다는 것이다. 철학은 사람들에게 지금부터 나아가야 할 방향성을 제시하는 사명을 짊어지고 있다. 사람들의 도덕·권리 의식과 법·정치 제도가 발전해 나가는 (존재해야 할) 방향성을 그린 『법철학 요강』은 그러한 성격이 강하다. 또 하나는 '철학' 자체가 어떻게 해서 '역사' 속에서 생성해 왔는지를 (자기 언급적으로) 기술하는 것이 '철학'의 과제가 되었다는 것이다. '역사' 현실의 흐름을 초월하여 모든 것을 이성적으로 바라다보는 장소에 '철학'이 자기 자신을 무조건적으로 자리매김하는 것은 이미 가능하지 않다. '철학'은 자기 자신도 '역사'의 산물이라는 전제에 서서 스스로가 서 있는 사유 양식과 지성의 수준이 '역사'적으로 생성해 온 과정을 해명해야만 한다. 원초적 사회의 사람들이 지닌 소박한 의식으로부터 '자연'과 '사회' 그리고 '자기'를 관찰하는 '철학'이라는 추상화된 사유 형태가 생겨나고, 그것이 제도화·관습화되어 점차 좀 더 고도하게 다듬어진 사유 양식으로 점점 더 발전하고, 최종적으로 지금 실제로 철학하고 있는 자신의 사유 양식이 확립되기까지를 그린다고 하는 것이다. 그것이 가능해서야 비로소 '철학'은 '역사'를 자신의 것으로 삼게 된다. 다만 이 두 번째 논점에 좀 더 깊이 들어가자면, (특정한) '철학'(적 입장) 자신에 의한 '철학의 생성사'의 기술을 어떻게 철학적으로 정당화할 것인가 하는 복잡하고 까다로운 문제가 떠오르게 된다. 이에 대해서는 제4장에서 논의하기로 하고, 여기서는 '나폴레옹' 문제에 직접 관계되는 첫 번째 논점에 관해 이야기하기로 하자.

헤겔의 '철학'은 역사적으로 중대한 사건에 체계적으로 의의를 부여하고 스스로('철학' 자신)와 관계시킬 것을 목표로 한다. 따라서 앞의 후쿠야마로부터의 인용에 있었듯이 19세기에 발전하게 되는 사회학과 역사학을 비롯한 경험적 사회 과학 분야들과 통해 있는 것이다. 다만 '철학'인 이상, 현실에서 일어난 사건을 개별적으로 기술·해석할 뿐만 아니라 개개의 사건을 꿰뚫어 '역사'를 움직이고 있는 기본 법칙을 탐구해야만 한다. 그에 기초하여 '역사'의 '종언'을 예측해야만 한다.

'자유'를 추구하는 투쟁

'공동체'와 자기실현

그러면 헤겔에게 '역사'를 움직이고 있는 원동력은 무엇이었을까? 추상적으로 설명하면, 다양한 차원의 '공동체(인류)'로서 현실화하고 있는 '정신'의 자기의식(화)과 자기실현이다. 그러면 '정신'이 자기를 의식한다든지 자기 실현한다는 것은 어떠한 것인가? 이것은 개인 정신의 발전과정으로부터 유추하면 알기 쉬울 것이다.

철이 들기 전의 아이는 자신과 타자의 경계가 모호하고, '자기'라는 개념조차 가지고 있지 않다. 갖가지 감성적 자극을 받아 반응하고 있을 뿐이다. 얼마간의 경험을 쌓고 자신의 힘이 미치는 범위와 그 범위 바깥의 구별이 갖추어지게 되면, 자신이 누구고 어떠한 대상에 대해 무엇을 하고 싶은지를 조금씩 자각(의식)하게 된다. 그리하여 조금씩 '자기'를 실현하는 가운데 그 성과로부터의 피드백으로 '아니, 나는 본래는 이것을 할 의도가 아니었어'라든가, '다음에는 이것을 하고 싶어', '나 자신이 하고 싶은 것을 알 수 없게 되었어'……와 같은 반성을 하고 자기의 좀 더 진실한 모습을 추구하게 된다. 그렇게 해서 찾아낸 새로운 자기가 다시 자기실현의 목표를 설정하고 그것을 실현하기 위해 행동하고……하는 형태로 '실천'과 '반성'의 변증법적인 연쇄가 이어진다. 그리고 그러한 자기의 변화 과정을 나는 (부정확하게나마) '기억'하고 있다. 그러한 '기억'과 미래로 이어져 가는 변증법적인 한층 더한 변화를 통해 '자기'가 구성되고 있다.

그러한 개개의 '나'들의 '정신'의 자기 형성Bildung = 발전과 평행하여 인간의 역사 전체 속에서 형성Bildung되는 이런저런 공동체 속에서 나타나는 '공동체적 정신'에도 일정한 자율성이 있고 자기 형성 = 발전해 간다고 헤겔은 생각한다. 개인 정신의 경우와 다른 것은 특정한 신체나 행동과 나누어질 수 없게 결부된 것이 아니라 불특정한 사람들의 행동에서 나타나기 때문에 그 의지나 지성 수준이 객관적으로 확정되기 어렵다는 점이다. 그에 더하여 단위가 되는 공동체도 고정되어 있지 않다. 작은 공동체들이 이성적인 사유와 교섭을 통해 적대·긴장 관계를 해소하고 좀 더 큰 동시에 좀 더 질서 잡힌 공동체로 발전해 감에 따라 '정신'도 점차 통합되는 동시에 좀 더 고차적인 반성 단계에 도달하며, 최종적으로 전 세계를 포괄하는 '절대정신der absolute Geist'에 이른다. '절대정신'이야말로 그때까지 다양한 방식으로 나타난 정신들의 본래의 모습이다.

'절대정신'에 대한 견해

다음과 같이 설명하면 아무래도 부자연스러운 대비로 들리겠지만, 추상적이고 내용이 명확하지 않은 '정신'을 '신'이라는 인격적 존재로 치환하면 적어도 이야기의 줄거리로서는 알기 쉬워진다. '신'은 우주의 창조자이지만, 원초에서는 자신의 행위, 그 결과를 자각하고 있지 않다 — 이렇게 상정되는 '신'은 그리스도교의 신처럼 처음부터 모든 것을 알지 못한다. 그러나 스스로가 창조한 것 또는 자기의 의지에 따라 운동하는 것과 상대하고 관찰하는 가운데 자기 자신을 알기에 이른다. 그러한 장대한 과정이 우주의 역사다. 각종·각 단계의 '정신'은 신의 그때마다의 나타남이라고 할 수 있을 것이다. 다만 여기서 조금 주의할 필요가 있다. (적어도 『정신현상학』의 저자로서의) 헤겔 자신은 종교에서 말하는 바의 '신'(의 표상)은 점차로 실체화해 가는 '절대정신'의 자기 전개의 단계적인 나타남이지 그 역이 아니라고 하는 견해를 보여준다. 좌파·유물론적인 입장에서의 헤겔 비판에 흔히 존재하는 생각, 즉 '절대정신'이란 철학의 말로 위장되거나 왜곡된 신이라고 하는 안이한 단정은 피해야만 한다.

물론 '역사' 전체가 하나의 통합을 이루고 있고 그것을 주도하는 '절대정신'이라는 것이 있다는 견해는 현대인에게는 지나치게 형이상학적이어서 따를 수 없으며, 그러한 것은 믿을 수 없다고 느끼는 사람이 적지 않을 것이다. 그리하여 헤겔 연구자들 가운데는 '절대정신'을 실체적인 것이 아니라 '역사'의 하나의 '종언'을 향해 가는 발전 경향을 서술하기 위한 가상적인 형상과 같은 것으로 간주하고, 그 내실에 그다지 깊이 파고들지 않는 사람들도 있다. 그렇게 하면 헤겔의 사유로부터 사회 철학이나 사회 과학 기초 이론적인 측면을 구해내기가 쉬워진다. 그러나 그렇게 하면 도대체 사회들이 되는 대로 변화하는 것이 아니라 발전한다고 말할 수 있는 것은 무슨 까닭인가라는 의문이 다시 떠오르게 된다.

'자유'에서의 자기실현 가능성

그리하여 헤겔이 주목하는 것이 개개의 주체에게 갖추어진 '자유'롭게 되고자 하는 경향이다. '자유'를 추구하는 주체들의 행동이 '역사'를 그 최종 목표('종언=목적')를 향해 발전시켜 가는 것이다. '자유'와 '역사'에 관한 헤겔의 사유 방식이 가장 명확히 정식화되어 있는 것은 헤겔이 베를린대학에서 모두 다 해서 5회 개강한 강의(1822~1831)의 기록이 사후에 제자들과 아들에 의해 편집·출판된 『역사 철학 강의』(1838년 초판,

40년 제2판)이다. 이 속에서 헤겔은 '정신'의 본질은 '자유Freiheit'라고 하고 있다. '자유'는 자기란 어떠한 존재인지를 의식하고, 그 자기의식에 따라 본래의 자기를 실현하고자 하는 무한한 가능성을 함의한다 — 먼저 '정신' 의 자기반성에 대해 진술한 것을 살펴보자.

자유는 자기 자신을 목적으로 하여 수행하는 것이자 정신의 유일한 목적이다. 이 궁극적 목적을 향해 세계사는 성취되어 가며, 이 궁극 목적에 대한 공물로서 지구라는 넓은 제단 위에 오랜 세월에 걸쳐 온갖 희생이 바쳐지는 것이다. 이 궁극 목적만이 자기를 관철하고 완성하는 것이며, 모든 주어진 사태와 상황의 변화 속에서 유일한 항상적인 것, 계속해서 참으로 힘을 발휘하는 것이다.

정신 = 자유가 '역사'를 통해 자기실현 하기 위한 '수단'으로서 사용하는 것이 자기의 욕망과 정념, 이익 = 관심에 따라 활동하는 개인들이다. 요컨 대 각각의 자기실현 = 자유를 추구하는 개인들의 활동을 이용하는 것이다. 개인들의 자기실현 노력의 귀결로서 사회적으로 유용한 다양한 발명·발견 이 이루어지고 커다란 성과가 거두어진다. 그러나 당연한 일이지만 각 사람이 자신의 욕망과 정념을 무제약적으로(자유롭게) 추구하면 상호 간의 이해관계가 대립하여 다투게 되고, 서로의 안전이 보장되지 않아 목숨마저도 위험해질지도 모른다. 그렇게 되면 발명과 발견이 이루어져도 그 성과가 장기적으로 살려지지 못하고 못쓰게 될지도 모른다. 그렇게 되면 각 사람의 창의적 노력의 의욕도 시들어 버릴 것이다.

홉스와 루소의 '자유'

토머스 홉스(1588~1679)는 사람들이 자기 보존을 위해 자기의 자연권

(자유)을 국가의 주권자에 대해 전면적으로 양도하게 된다고 하여 국가의 존재를 정당화했다. 그러나 그렇다고 한다면 개인이 자유롭게 행동할 여지가 거의 없어지고, '정신'은 개인들의 활동을 '수단'으로서 활용할 수 없다. 루소는 특정한 개인을 주권자로 하는 것이 아니라 국가를 구성하는 시민 전원을 주권자로 하고, 전원의 (본래적인) 의지인 '일반의지'에 각 사람이 자발적으로 따르는 형태의 사회 계약을 취함으로써 개인의 자유나 행복과 전체의 복지나 안전 사이의 모순이 해소된다고 주장했다. 다시 말하면 모두(우리 전원)의 전면적인 합의로써 미리 결정된 규칙에 따라 모두(우리)가 결정한 것에 내가 따르는 것은 자신이 결정한 것에 자신이 따르는(= '자율'이라는 의미에서의 자유) 것과 같으며, 그래서 오히려 자유의 실현으로 간주해야 한다는 이치다 ─ 이에 대해 상세한 것은 졸저 『바로 지금 루소를 다시 읽다』(NHK출판·생활인신서)를 참조할 수 있을 것이다. 순수 이론적으로야 확실히 그렇겠지만, '○○의 규칙에 따라 결정한 것은 우리 모두의 의지(일반의지)로 간주하자'라는 합의에 사람들 이 어떻게 도달하는 것인가라는 의문이 생긴다. 그러한 약정을 맺고 모두가 같은 규칙에 따르기로 한다면 확실히 질서는 유지되겠지만, 정말로 그렇게 될지는 알 수 없다. 자신만 바보처럼 정직하게 규칙을 지켜 손해를 보게 될지도 모르며, 규칙을 지킴으로써 모든 의욕이 억제되어 사회적 손실이 커질지도 모른다.

'시민 사회'에 근대적 의미를 부여하다

다만 현실 사회에는 이기적이고 감정적인 인간이 압도적으로 많음에도 불구하고 일정한 질서가 유지되고 법이 기능하고 있는 것은 확실하다. 신분이 고정되어 있었던 봉건제가 붕괴하고 힘에 의한 억누름이 약해졌음 에도 불구하고 상공업자와 지식인(교양 계층)을 중심으로 형성된 '시민 사회'에는 사법과 시민적 도덕에 기초하는 질서가 작동하고 있는 것으로 보인다. 그리하여 당사자들의 의도와 관계없이 사회 전체로서 보았을 때 개인들의 행위 목적이 자연적으로 조정되어 있는 것이 아닐까, 하는 사유 방식이 생겨났다. 애덤 스미스(1723~90)는 『국부론』(1776)에서 시장에서 스스로 사적 이익을 추구하는 개인들의 행위가 교환을 매개로 하여 질서가 부여되고 분업이라는 형태로 효율화도 촉진된다는 것을 주장했다. 칸트는 역사 철학적인 논문 『세계 시민적 견지에서 본 일반사의 이념』에서 바로 이기적인 인간이기 때문에 타자로부터 공격당하지 않도록 사교적으로 행동하고자 노력하고, 그것이 공공적 질서의 형성으로 연결된다는 '비사교적 사교성ungesellige Geselligkeit'이라는 개념으로 역사 과정에서 개인들 사이에서나 사회·국가들 사이에서 다툼을 해결하는 질서가 생겨나고, 그것이 점차 좀 더 포괄적인 것으로 되어가는 이유를 설명했다.

　헤겔도 『법철학 요강』에서 스미스와 칸트의 논의를 이어받아 '시민 사회die bürgerliche Gesellschaft'는 사람들이 다양한 욕구를 추구하는 '욕구의 체계das System der Bedürfnisse'임과 동시에 '노동'을 통해 상호 의존해 있는 '전면적 의존의 체계ein System allseitiger Abhängigkeit'이기도 하다는 관점으로부터 그것을 분석하고, 시민들의 상호 부조의 틀인 민법과 직업 단체와 복지 행정이 정비되어 가는 것, 그리고 그것이 더욱더 사람들의 자유를 보장함과 동시에 완전한 질서를 가져오는 '국가'로 발전해 가는 것의 논리적 필연성을 이야기하고 있다. 그때까지 '정치 사회 = 국가'와 거의 같은 뜻으로 사용되기도 했던 '시민 사회'라는 말에 근대적 의미를 부여하고, 그 본질을 처음으로 철학적으로 규정한 것은 헤겔이다.

'일반적 이념'과 '법', '인륜', '국가'

　『역사 철학 강의』에서 헤겔은 그 자신의 것도 포함한 종래의 논의를 토대로 하여 사적 동기와 역사 발전 사이의 일반적 관계에 대해 논의하고 있다. 알렉산더 대왕(BC 356~323)이나 카이사르(BC 100~44)와 같은 역사적 위업을 성취하는 인물들은 스스로가 수행하고 있는 사업에 욕망과 정념을 기울이는 나머지 방해가 되는 것은 사람들이든 사물이든 신성한 존재든 모두 다 간단히 배제해 버리기 때문에 부도덕한 사람으로서 보일 수 있다. 그러나 개인적으로 부도덕하다든지 그 결과로서 인생에서 불행하다든지 행복하다든지 하는 것은 역사를 관통하는 일반적 이념의 실현과는 직접적인 관계가 없다.

특수한 이해관계에 대한 정념과 일반적인 것의 현실화는 불가분의 관계에 놓여 있다. 왜냐하면 특수하고 한정된 것으로부터, 그 부정으로부터 일반적인 것이 귀결되기 때문이다. 특수한 것은 서로 다투고, 그 일부가 몰락해 간다. 대립과 투쟁 속에서 위험에 노출되는 것은 일반적 이념이 아니다. 일반적 이념은 공격당하는 일 없이 아무런 상처도 입지 않은 채 배경에서 기다리고 있는 것이다. 정념의 활동이 스스로 진행되고, 일반적 이념의 실재화에 이바지한 것이 손실을 입으며, 피해를 당하는 것을 일반적 이념이 그대로 방치하고 있는 것을 이성의 책략이라고 부를 수 있을 것이다.

추상적이고 알기 어려운 표현을 하고 있지만, 여기서 '일반적인 것das Allgemeine'이라든가 '일반적 이념die allgemeine Idee'이라고 불리는 것은 '법', '인륜(도덕)Sittlichkeit', '국가' 등에 구현된, 각 사람과 소집단의 개별적인 이해관계나 욕망을 초월한 '이념'이자 '공동체적 정신'의 구성 요소다. '특수한 것das Besondere'이라는 것은 그러한 개별적인 이해관계나 욕망을 가리킨다. 일반화·객관화된 법과 도덕의 '이념'은 사인들 사이에서의 다툼이 격화되어 재판 등의 공적인 장에서의 판단에 맡겨질 때는 판정의 지침이 되지만, 다투고 있는 사람들의 마음과 몸을 직접 이끌고 있지는 않다. 질서를 지키기 위한 틀(싸움을 위한 링)만을 제공하고 그 틀을 파괴하고자 하지 않는 한에서 각 사람이 각각의 특수한 이익을 추구하는 그대로 놔둔다.

자신의 이익과 정념의 실현을 추구하여 서로 다툼으로써 각 사람은 상처를 입고 손해를 당하지만, 그것을 통해 다른 사람의 권리를 무시한 무리한 자기실현은 스스로 물러서게 된다. 결과적으로 당사자들에게 그러한 자각은 없더라도 '일반적 이념'에 따르게 된다. 그에 따라 '일반적 이념'에 대한 신용은 높아지고 안정도는 증가한다. 사회가 커지고 복잡한 정도가 늘어나며 새로운 이해관계가 생겨나 사람들에게 새로운 다툼이 시작되면, 사람들의 자연 발생적인 상호 억제를 통해 좀 더 세련된 형태의 '일반적 이념'이 등장하고 점차 효력을 지니게 된다. 그리하여 '일반적 이념'의 통합된 총체로서의 '국가' 아래서 자의적이고 자연적인 충동에 그대로 따르는 개인의 '자유'가 점차 억제되고 법과 도덕에 적합한, 즉 이성에 적절한 참된 자유가 실현되게 된다.

현실의 투쟁과 소모전도 긍정

이렇게 이기적인 개인들 사이의 충돌이 일어나더라도 문제는 없으며, 오히려 그것을 양식으로 하여 '일반적 이념'이 생성·발전해 간다. 현실에서 충돌이 일어나게 되면 바보라도 그 중요함을 몸으로써 알게 되고, 행동 패턴을 스스로 변화시키는 것으로 이어진다. 이를테면 '절대정신＝이성'이 자기실현을 위해 현존하는 인간의 어리석음, 선견지명 없음을 이용하고 있는 것으로 보인다. 그것이 '이성의 책략List der Vernunft'이다. 인간에게는 자기의 행동을 돕는 일정한 이성이나 공감 능력이 갖추어져 있다고 보는 스미스나 칸트와 달리, '이성'의 이름으로 현실의 투쟁이나 소모전도 긍정하고 자기의 이론 체계에 적극적으로 짜 넣는다는 점에 헤겔 역사 철학의 특징이 있다. 나폴레옹이 전쟁으로 유럽 나라들에 현실적으로 손해를 끼치더라도, 그것도 '일반적 이념'의 새로운 생성, 절대정신의 자기 전개에 이바지하는 것이다. 이러한 투쟁을 역사의 원동력으로 보는 발상이 맑스의 계급투쟁 사관으로 계승되는 것이다ー『정신현상학』에서는 '주인'과 '노예' 사이의 목숨을 건 투쟁을 통해 주체성과 자유가 획득되어 가는 유명한 '주인과 노예'의 변증법이 전개되고 있지만, 이에 대해서는 제2장, 제3장에서 상세하게 검토하고자 한다.

'역사'의 종언과 나폴레옹

계몽 사상가와 프랑스 혁명

『역사 철학 강의』의 최후에서는 계몽주의와 프랑스 혁명의 의의에 대해 논의하고 있다. 계몽사상이란 '이성'의 법칙이야말로 자연법칙, 정의, 선 등에 관한 진리의 척도라는 입장에 서서 각 사람이 자기의 이성을 사용하고 의지 결정하는 자유를 얻을 것을 장려하는 사상이다. 독일에서의 계몽은 칸트 철학에서 보이듯이 자기 자신의 의지의 존재 방식을 규제하는 ― 정념이나 일시적인 착상에 의해 의지가 좌우되지 않도록 자기의 의지를 규제하는 ― 형식적·내면적인 것에 머물렀다.

이론과 실천을 연계하고 사회 속에서 자유를 실현하는 데 성공한 것은 프랑스의 계몽 사상가들이다. 프로테스탄트의 영향이 강한 독일에서는 종교나 철학과 같은 지적 사유는 내면적 문제에 전념하고, 사회에서의 권리나 의무에 관한 문제는 국가에 맡기는 경향이 지배적이었다. 그에 반해 프랑스의 지식인들은 종교의 영향에서 벗어나 사회 속에서 자유롭게 사유하게 되었다. 그들은 철학을 출발점으로 하여 현실 세계를 변화시키고자 했다. 그것이 프랑스 혁명이다. 그러나 프랑스 혁명을 지도한 철학적 원리는 추상적인 것인바, 각 사람이 시민으로서의 덕 — 오랜 이해관계나 관습에 사로잡히지 않고서 (새로운 체제하에서 기대되는) 시민으로서의 의무를 수행하는 마음가짐이 있는 것 — 을 갖추고 있는지를 권력자의 관점으로부터 자의적으로 판단하고, 덕이 없다고 여겨진 자는 죽음으로 내몰릴 가능성이 있는 공포 정치가 생겨났다. 로베스피에르(1758~94)의 폭력적 지배는 폭력에 의해 종언하고 혼란이 이어졌지만, 그 혼란을 수습한 것이 나폴레옹이다.

나폴레옹은 통치 권력을 군사력으로써 수립하고, 다시 한 개인의 의지로써 국가의 정점에 서게 되었다. 그는 지배의 기술을 지니고 있어 이윽고 국내를 평정했다. 변론가, 이데올로그, 원리에 구애되는 사람들의 잔당은 쫓겨나고 이미 불신이 아니라 존경과 두려움이 사람들의 마음을 지배하게 되었다. 그는 그 성격의 두려워해야 할 힘을 지니고서 이어서 국외로 눈을 돌려 전 유럽을 복종시키고 자유로운 체제를 이르는 곳마다 보급했다. 여태까지 이전에 이 정도로 커다란 승리가 거두어진 적은 없었으며, 이 정도로 천재적인 행군이 이루어진 적도 없었다.

개인의 역량에 의해 국가의 안정과 개인의 자유와 재산을 보장하는 '자유로운 체제liberale Einrichtungen'를 양립시키는 동시에 그것을 유럽 전체로 확대한 나폴레옹의 공적을 헤겔은 높이 평가하고 있다. 프랑스 혁명과 나폴레옹의 활동을 한 몸을 이루는 것으로 간주한 다음, 그것을 '세계사적 welthistorisch' 사건이라고 부른다. 나폴레옹 전쟁으로 프랑스 혁명의 원리가 거의 모든 나라에 대해 제시되고 도입되게 되었다. 자유주의는 프랑스, 이탈리아, 스페인과 같은 라틴계 나라들의 지배적인 사상이 되었다. 그러나 나폴레옹의 실각 후, 반동이 일어나 사람들은 다시 예속 상태에 놓이게 되었다. 헤겔의 말을 빌리자면, 종교 개혁이 일어나지 않은 이 나라들에서 정치 개혁을 먼저 행하는 것에 무리가 있었다. 프랑스 혁명 이전부터 인민에게 일정한 자유를 보장하고 있었던 영국은 그 기본 제도를 계속해서 유지하고 있지만, 헤겔의 입장에서 보면 영국의 국가 체제는 특정한 신분과 단체에 대해 주어지고 관습적으로 계승·확대되어 온 기득권의 집합이며, 실제로 나라를 통치하고 있는 것은 인민이 아니라 불평등하고 부패한 선거에 의해 선출된 의회다.

독일에서 발전한 자유주의

그러한 나라들에 비해 종교 개혁을 거친 다음 프랑스 혁명의 이념을 받아들인 독일 영방들 쪽이 자유주의가 깔끔하게 뿌리 내리고 있는 것으로 보인다고 한다. 프랑스군의 침략을 받은 후, 국민의 힘으로 그 압박을 물리치는 데 성공한 독일에서는 자유주의가 독자적인 제도적 발전을 이루었다.

독일의 주축이 된 것은 권리의 법이지만, 그러한 법률들은 말할 필요도 없이 프랑스의 압박을 통해 그때까지의 정체의 결함이 두드러져 백일하에 드러나게 됨으로써 생겨났던 것이다. 신성 로마 제국이라는 허구는 완전히 소멸하고 몇 개인지의 주권 국가로 분립했다. 봉건적 구속은 폐지되고, 재산과 인신의 자유 원리가 기본 원리가 되었다. 모든 시민이 유능하고 일이 가능하기만 하면 국가의 공직에 나설 수 있게 되었다. 통치는 관료의 세계 속에 있고, 정점에 서는 것은 군주의 개인적 결단이다. 이미 말했듯이 최종적 결정은 불가결하다. 다만 법이 안정되고 국가의 조직이 명확히 규정되어 있다면, 국가에 있어 본질적 문제가 군주의 단독적인 결정에 맡겨지는 일은 거의 없게 된다. 고매한 군주를 지니는 것은 인민에게 커다란 행운이지만, 큰 나라에 대해서는 그 정도로 중요한 일이 아니다. 큰 나라에는 이성의 힘이 있기 때문이다. 작은 나라는 그 존립과 안전이 다른 나라에 의해 보장되고 있는 까닭에, 참된 독립 국가가 아니며 전화의 시련을 견뎌낼 수 없다.

이러한 견해는 계몽적 군주 아래서 근대화·자유화를 진척시키고 있는 큰 나라 프로이센의 현 상황을 미화하는 성질의 것이자 철학자로서의 공평한 관찰이라고는 하기 어렵지만, 그럼에도 유럽의 역사 발전의 방향성에 대한 헤겔 나름의 전망을 보여준다. 나폴레옹에 의해 보급된 '자유'의 이념은 반동을 불러일으키면서도 착실하게 정착하고 있다. 특히 프로이센과 같이 종교 개혁을 통해 자유의 정신에 대해 준비할 수 있었던 국가에서는 법과 관료 조직에 뒷받침되어 참된 자유가 현실화하고 있다. 헤겔은 강의의 거의 끝에 해당하는 부분에서 '역사'의 흐름에서 수행하는 '자유'의 역할에 대해 아래와 같이 정리하고 있다.

의식은 여기까지 찾아온 것이다. 그리고 지금까지 말해 왔던 것이 자유 원리의 실현 형태의 주요한 요소다. 세계사는 자유 개념의 발전 이외에 다른 것이 아니기 때문이다. 그러나 객관적 자유, 실재적 자유를 위한 법률은 우연적인 의지를 억제할 것을 요구한다. 우연적인 의지가 추구하는 자유는 형식적인 것에 지나지 않기 때문이다. 객관적인 것 그 자체가 이성적이라면, 사람들의 인식은 이 이성에 걸맞은 것이 될 것이며, 주관적 자유의 본질적 요소도 사회에 갖추어져 갈 것이다. …… 철학은 세계사에 반영되는 이념의 빛에만 관계한다. 현실에서의 직접적인 정념에 기초하는 운동의 넌더리 치게 만드는 내용은 철학의 고려 밖에 놓인다. 철학의 관심은 실현되고 있는 이념의 발전 과정, 요컨대 자유의 의식으로서 존재할 수밖에 없는 자유의 이념을 인식하는 것이기 때문이다.

헤겔＝코제브의 귀결

이렇듯 헤겔에게 세계사 전체는 처음부터 '자유'가 사상적으로도 제도적으로도 발전·확대되고 현실화해 가는 과정이며, 그 과정을 끝까지 확인하는 것이 '철학'의 사명이다. 이러한 관점에서 앞에서 화제로 삼은 나폴레옹의 예나에서의 승리가 지니는 의의를 다시 생각해 보면, 이 승리를 통해 프랑스 혁명에 의해 이념적으로 확립된 보편적 '자유'의 원리가 유럽 나라들로 확대되는 것이 확정되게 되었다고 하는 것이게 된다. 이 점에 대해 코제브는 『헤겔 독해 입문』에서 언급하고 있다. 이 책의 중심을 이루고 있는 것은 1938/39년도에 행해진 강의의 기록인데, 그중에서도 특히 『정신현상학』 제8장(최종 장)의 마지막 부분을 다룬 제12회 강의의 주 가운데 하나에 제2판(1968)에서 추가된 상당히 긴 덧붙여 쓴 부분에서의 언급이다. 이 주에 대응하는 본문에서는 '정신'의 생성으로서의 '역사' 속에서의 '인간'의 역할, 자연 속에서 살아가고 있던 동물이 '인간'으로 생성해 가는 것의 의미, 그리고 '역사의 종언' 이후에 임무 수행을 끝낸 '인간'은 어떻게 되는지와 같은 것들이 논의되고 있다.

덧붙여 쓴 부분에서 코제브는 예나 전투에서 본래적인 의미에서의 '역사의 종언la fin de l'Histoire'을 보고 있었다는 점에서 헤겔은 옳았다는 것을 자기가 파악했다고 진술하고 있다. 그것은 '인간l'Homme'의 역사적 발전이 종국terme이자 목표but, 요컨대 '종말'에 도달해 있었다고 하는 것이기도 하다.

　그 이후에 생겨난 것은 프랑스에서 현실화한 보편적 혁명의 힘이 로베스피에르–나폴레옹에 의해 공간에서 확대되는 것 이외에 아무것도 아니었다. 참으로 역사적 관점에서 보면, 두 개의 세계 대전은 그에 이르는 크고 작은 혁명들을 포함하여 결과적으로 (현실적이거나 잠재적으로) 가장 앞선 유럽의 역사적 위치에 주변 지역의 뒤처진 문명을 나란히 서게 만드는 것일 뿐이었다. 만약 러시아의 소비에트화와 중국의 공산화가 (히틀러 체제를 중개로 한) 제국 독일의 민주화와 토고의 독립으로의 접근, 나아가서는 파푸아인의 민족 자결 이상의 것이자 이것들과는 다르다고 한다면, 그것은 오로지 중국과 소련에서의 로베스피에르—보나파르티즘의 현실화에 의해 나폴레옹 이후의 유럽이 정도의 차이는 있더라도 시대착오적인, 혁명 이전의 유물 여럿을 제거하도록 몰아세워지기에 이르렀다는 것일 뿐이다.

나폴레옹의 승리로 '역사'에서의 '자유'를 둘러싼 싸움의 최종적 귀결은 이미 확정되었고, 그 이후의 세계사는 그 승리가 전 세계로 확대되고 정착하는 과정일 뿐이었다. '역사'는 우리가 깨닫지 못하는 사이에 이미 끝나 있으며, 우리는 '종언'의 때를 살아가고 있다는 발상이야말로 신비사상이나 종말론 계열의 신학과 같아 따를 수 없다고 하는 사람이 적지 않을 것이다. 본래 설사 '자유의 승리'라는 바람직한 형태를 취한다고 하더라도 '역사의 종언'이 미리 정해져 있다고 하는 식의 논의 자체가 우스꽝스럽다는 의문이 드는 것이다.

그러나 우리 각각의 안에 놓여 있는 '자유'에 대한 근원적 욕구와 그에 대한 자각에 눈을 돌리면, 헤겔이 말하고 있는 것은 그리 엉뚱한 이야기가 아닌 것으로 생각된다. 우리는 철이 들지 않은 어린 시절에는 자신이 주위 어른의 지시에 따르고 자신이 결정할 수 있는 것이 그리 없는 것에 그다지 의문을 품지 않는다. 제멋대로 말을 듣지 않고 응석을 부릴 수는 있어도 자신의 생활과 행동 전반을 자신의 의지로 제어하려고 하지는 않는다. 또한 학교와 직장, 소속 단체 안에서 자신의 입장과 역할을 잘 알지 못하고 윗사람에 따를 수밖에 없는 상태에 있을 때는 따르는 것 자체에 그다지 의문을 품지 않는다. 그러나 어느 정도 자신의 의지로 판단하고 행동하는 능력을 익히고 누구에게도 방해받지 않고서 상당히 자유롭게 행동할 수 있는 입장에 오래 있으면, 다시 종속 상태로 돌아가는 것을 견딜 수 없게 된다. 종속 상태로 돌아가도록 강제되면 강하게 저항하며, 강제를 받는 것을 고통스럽게 느낀다. 그리하여 사회 속에 '자유'를 자각한 사람이 늘어나면, 그들을 무리하게 억압하면 질서 유지가 어려워지기 때문에, 자유주의적인 체제로 이행하지 않을 수 없게 된다. 나폴레옹 전쟁이 '자유'를 자각한 사람을 대량으로 산출했다면, 물이 높은 곳에서 낮은 곳으로 흘러가는 것을 막을 수 없듯이, 역사가 자유의 실현을 향해 나아가는 것을 막을 수 없게 된다. 헤겔=코제브는 그러한 당연한 귀결을 언표한 데 지나지 않는 것이라고도 말할 수 있다.

'역사'가 끝난 후

미국을 '계급 없는 사회'로 형용

후쿠야마는 '역사의 종언'에서의 '자유'의 실현을 동구 사회주의 나라들에 대한 서구 자유 민주주의의 승리로서 해석하고 있지만, 앞의 인용에서 볼 수 있듯이 코제브의 견해는 그것과는 조금 다르다. 코제브는 소련과 중국도 다른 경로로 자유화의 길을 걸어가고 있다고 생각한다. 목표는 하나다. 코제브에 따르면 나폴레옹 전쟁 이후에 남은 과거 유물의 제거가 가장 앞서 진전되고 있는 것은 북미다.

사실상의 '계급 없는 사회'의 모든 멤버가 이후에 자기의 마음이 바라는 이상으로 활동하지 않더라도, 자신들에게 좋다고 생각되는 것을 모두 자기 것으로 할 수 있게 될 것이라는 점에서 보면, 합중국은 이미 맑스주의적인 '공산주의'의 최종 단계에 도달했다고까지 말할 수 있을 것이다.

미국을 모두가 자신이 바라는 것을 손에 넣을 수 있는 '계급 없는 사회'로 형용하는 것은 지금 생각해 보면 질이 나쁜 농담으로밖에 볼 수 없지만, 코제브가 이것을 덧붙여 쓴 1968년에는 일반 서민도 자기 자신의 생활양식에 맞추어 다양한 재화와 서비스를 소비하는 생활을 보낼 수 있거나 그러한 생활을 보내지 않으면 안 되는 대량 소비 사회에 들어가고 있었던 미국이 '공산주의'를 체현하고 있는 것으로 보였다고 하더라도 그리 불가사의하지 않다. '모두'가 각자의 고유한 욕망을 발전시키고 소비를 즐기는 것을 한층 더 나아간 경제 발전의 원동력으로 하는 대량 소비 사회를 인류는 아직 본격적으로 체험하지 못했다. 맑스는 『고타 강령 비판』(1875)에서 공산주의 사회의 최종 단계에서는 '사람들은 능력에 따라 일하고, 필요에 따라 받게' 된다고 말하고 있지만, 풍요롭게 되어감과 동시에 격차가 축소하고 있는 것으로 보였던 미국은 그 이상을 사실상 구현하고 있는 것으로 보인 것이다. 미국 자유주의 좌파의 대표적인 경제학자 갤브레이스(1908~2006)가 사적 섹터에서 '풍요로운 사회'가 된 미국이 직면한 새로운 과제에 대해 논의한 『풍요로운 사회*The Affluent Society*』를 저술한 것은 1958년의 일이다. 또는 현대 미국의 경제 격차가 어느 정도의 불만을 산출하고 있다고 하더라도, 고대나 중세의 불평등 사회에서 살아가고 있던 사람들의 눈으로 보면 '거의 공산주의 사회'라고 말하게 될지도 모른다.

'인간성'을 상실하고 '동물성'으로 회귀

코제브는 이러한 '소비 면에서 고도로 발전한 자본주의 → 공산주의'라는 인식을 전제로 하여 사실상의 '계급 없는 사회'인 미국에서 살아가는 사람들은 '역사의 종언' 이후의 생활양식을 체현하고 있다고 하는 역사철학적으로 의미 깊은 주장을 하기에 이른다.

그런데 (1948년부터 58년까지의 사이에) 합중국과 소련을 몇 차례 여행하고 비교해 보고서 나는 미국인이 풍요롭게 된 중국인과 소비에트인의 모습이라는 인상을 얻었던 것이지만, 그것은 소비에트인이나 중국인이 아직 빈핍한, 다만 급속하게 풍요로워지고 있는 미국인일 뿐이라고 하는 것이다. 미국적 생활양식American way of life은 포스트 역사적인 시대에 상응한 생활양식이며, 합중국이 지금 세계에 현전하고 있는 것은 인류 전체의 '영원히 현재하는' 미래를 예시하는 것이라고 하는 결론으로 나는 이끌렸다. 이러한 의미에서 인간l'Homme의 동물성으로의 회귀는 이미 도래해야 할 하나의 가능성이 아니라 이미 현전하는 확실성으로서 나타났다.

'포스트 역사적인 시대la période post-historique'라는 것은 글자 그대로 모순된 것으로 들릴 수 있지만, 헤겔에게 '역사'라는 것은 단순한 물리적 시간의 결과가 아니라 '인간'들의 자유를 둘러싼 투쟁을 매개로 하여 '절대정신'이 자기의 본질을 현실화해 가는 과정이라고 하는 것을 생각해 보라. 그렇다면 '포스트 역사적인 시대'라는 것은 '역사'의 '목적'이 달성되고 종국에 도달한 이후의 시간 흐름을 가리킨다. '미국적 생활양식'이라는 것은 앞에서 말했듯이 신분과 계층적인 제약이 없는 상태로 각 사람이 각각의 기호에 맞춘 소비 생활을 보내고 있는 상태를 가리킨다.

그러면 '미국적 생활양식'을 영위하게 된 사람이 어떻게 해서 '인간성'을 상실하고 '동물성animalité'에로 회귀하는 것인가? 코제브의 눈으로 보아 미국적인 소비 생활은 차원이 낮다고 함으로써 그저 매도하고 있는 것만이 아니다. 이 경우의 '동물성'은 앞에서 말했던 헤겔의 '인간'관과 밀접히 관계되어 있다. 헤겔에 따르면 '인간'의 본질은 자기의 신체가 속하는 '자연'의 질서에 대항하여 '자유'를 추구하고, '절대정신'의 자기 생성의 운동＝역사에 참여하는 데 놓여 있다. '자연' 속에서 생명체로서 무자각적으로 살아가고 자유롭게 되고자 노력하지 않는다면, '정신'의 영위를 알지 못하는 다른 동물과 마찬가지다. '사람'은 본래의 자기를 탐구하고 자기를 실현하기 위해 활동하는 것을 통해 계속해서 '인간'으로 생성하고 발전해 간다. 역으로 말하면, '역사'가 끝나고 '자유'를 둘러싼 싸움이 끝나 '자유'에 관한 욕구가 모두 충족되었다고 한다면 이미 계속해서 '인간'일 이유는 없다.

'포스트 역사'에도 '인간'이 존속할 가능성

헤겔 자신은 '역사의 종언' 후의 '인간'의 존재 방식에 대해 직접적으로 말하고 있지 않지만, 코제브는 '역사의 종언'에서의 '인간의 소멸disparition de l'Homme'을 분명히 말한다. '역사의 종언' 이후 '인간은 자연Nature 또는 주어진 존재l'Être donné와 조화를 이룬 동물로서 계속 살아간다.' 1990년대 후반부터 포스트모던 계열의 대표적인 논객으로서 주목받게 된 아즈마 히로키東浩紀(1971~)가 포스트모던 사회를 상징하는 존재인 오타쿠의 본질을 나타내는 핵심어로서 유행시킨 '동물화'는 이러한 코제브의 논의에서 유래한다. 코제브의 헤겔 이해를 또다시 일본의 청년 문화에 근거하여 변형시킨 아즈마 식의 '역사의 종언'론에 따르면, (다시) 동물화한 오타쿠는 보편적 자유를 둘러싼 투쟁, 계속해서 '인간'이기 위한 투쟁을 그만두고 각각 개별화된 소비 욕구에 충실하게 살아가는 존재라는 것이게 된다 ── 아즈마 히로키, 『동물화하는 포스트모던動物化するポストモダン』(講談社 現代新書), 특히 제2장을 참조.

다만 코제브는 '미국적 생활양식'으로부터 읽어낸 '동물화'의 가능성을 강하게 제시한 후 곧바로 그것과는 다른 형태의 사람의 존재 방식, 요컨대 '포스트 역사'에도 '인간'이 존속할 가능성을 시사하고 있다. 그가 또 하나의 가능성을 생각하기에 이른 계기가 된 것은 1959년의 일본 여행이라고 한다.

'포스트 역사의' 일본 문명은 '미국의 길'과는 정반대의 길을 걸어갔다. 놀랍게도 일본에는 이미 말의 '유럽적'이거나 '역사적'인 의미에서의 종교Religion도 도덕Morale도 정치Politique도 없다. 하지만 순수한 상태의 스노비즘이 거기서는 '자연적'이거나 '동물적'인 소여를 부정하는 규율을 창출하고 있었다. 이것은 그 효력에서 일본이나 다른 나라들에서 '역사적'인 활동Action으로부터 생겨난 그것, 즉 전쟁이나 혁명 형태에서의 투쟁이나 강제 노동으로부터 생겨난 규율을 훨씬 능가하고 있었다. 정말이지 가면극, 다도, 꽃꽂이 등의 일본 특유의 스노비즘의 정점(이에 필적하는 높이는 어디에도 없다)은 귀족이나 부유한 사람들의 전유물이었으며 여전히 그러하다. 하지만 집요한 사회·경제적인 불평등에도 불구하고 모든 일본인은 예외 없이 전면적으로 형식화된 가치에 기초하여, 즉 '역사적'이라는 의미에서의 '인간적'인 내용을 전혀 지니지 않는 가치에 기초하여 살아가고 있는 상태에 실제로 놓여 있다. 그러한 의미에서 궁극적으로는 어떠한 일본인도 원리적으로 순수한 스노비즘에 의해 완전히 '보상 없는' 자살을 행할 수 있다(고전적인 무사의 칼은 비행기나 어뢰로 대체될 수 있다). 이러한 자살은 사회적이거나 정치적인 내용을 지닌 '역사적' 가치에 기초하여 수행되는 투쟁 속에서 생명의 위험을 무릅쓰는 것과는 아무런 관계도 없다. 일본과 서양 세계와의 사이에서 최근 시작된 상호 교류는 결국 일본인의 재再야만화가 아니라 (러시아인도 포함한) 서양인의 '일본화'로 귀착될 것이다.

무역사적으로 형성된 또 하나의 인간성

'스노비즘snobisme'이라는 것은 통상적으로는 사회적 지위나 학식, 예술 감각의 높음을 젠체하는 태도를 가리키는 말이지만, 코제브는 문화적인 양식미에 투철하게 되고자 하는 자부심과 같은 의미에서 사용하고 있다. 코제브의 이해에서는 자신에게 고유한 양식미에 구애되는 '일본인'은 참된 자기를 탐구한다든지 자유롭게 되고자 하여 타자와 다툰다든지 스스로가 받드는 가치의 보편성을 주장한다든지 하지 않는다. 자유와 보편성을 추구하는 '역사'나 '인간성'과는 인연이 없다. 그러나 다시 동물화하여 자기 자신의 신체적·자연적 욕구만을 따르고 있는 미국인과는 달리 확립된 '양식'에 투철하게 되고자 하는 형태로 자기의 동물성을 제어하고 자기에게 규율disciplines을 부과하고 있는 것으로 보인다. 그것을 코제브는 무역사적으로 형성된 또 하나의 '인간성'으로 본 것이다.

일본인의 눈으로 보자면, 일본적인 양식미를 이념적으로 지나치게 미화하는 것으로 보인다. 제2차 대전 중의 특공대를 할복의 연장선상에서 파악하는 것에도 무리가 있다. 그러나 '자유를 향한 정신의 보편적 발전사에 대한 참여'를 전제로 하지 않고서도 문화적인 양식미에 의해 자기를 규제하는 '인간'의 존재 방식이라는 것은 그 나름대로 설득력이 있는 사유 방식이다. 슬로라이프라든지 로하스, 비건과 같은 생활 방식을 취하는 사람들은 스타일의 미학으로 자기를 규제하고 있는 것으로 보이며, 현대 사회 속에 존속하는 종교적이거나 종족적인 공동체들 가운데 여럿은 각각 고유한 자기 규율 양식을 유지하고 있다. 보편적인 '인간성'이라는 이름 아래에서의 자기 규율(인간화)을 이상으로서 내거는 것을 그만두는 대신에 지역적인 자기 규율의 양식들을 그것으로 바꾸어 복수의 '인간'상을 병존시킨다고 하는 것은 — 실효성은 별도로 하여 — 그리 이상한 발상은 아닐 것이다. 아즈마가 말하는 '동물화'도 단순히 동물적인 욕망을 숨김없이 드러내는 존재가 된다는 것이 아니라 이러한 의미에서의 '일본화 japonisation'의 사정도 포함하고 있다. (적어도 『동물화하는 포스트모던』 단계의) 아즈마는 오타쿠에게는 — 설사 세상 사람들로부터는 이해받지 못하더라도 — 그들 나름의 확립된 스타일이 있으며, 그 틀 내에서 자기의 욕망을 제어하고 있다는 것을 시사하고 있는 것으로 내게는 생각된다.

헤겔의 '역사 철학'은 서구 근대가 실현하고자 해온 보편적인 '인간성'의 이상을 어떻게 평가하고 이후 그것을 어떻게 해나갈 것인가 하는 문제와 깊이 관련되어 있다. 자유로운 자기를 실현하기 위해 세계사 속에서 계속해서 싸우는 '인간'이라는 헤겔적인 이미지를 버리는 것은 쉬운 일이 아니다. 헤겔적인 '역사 — 인간'상을 빼놓고서 보편적인 인권이나 도덕을 철학적으로 근거 짓는 것이 가능할까? 이것은 현대 사회 철학의 가장 중요한 주제다.

또 하나의 '역사의 종언' 방식

하버마스의 헤겔 이해

코제브, 후쿠야마, 아즈마는 '역사의 종언'을 일단 전제한 다음, '포스트 역사'에서의 '인간'의 가능한 존재 방식을 논의한 것이지만, 헤겔의 역사 철학에 관련되는 또 하나의 커다란 주제가 있다. 그것은 하나의 '종언'을 향해 세계 전체, 전 인류를 휘감아 들이면서 나아가는 '보편적 역사'라는 것이 과연 실재하는 것인가라는 문제다.

'정신'을 물질 또는 생산으로 바꿔 놓은 맑스주의도 '종언'을 향해 가는 '보편적 역사'를 상정하고 있었다. 현대에는 헤겔을 읽고서 직접적으로 영향을 받았다고 하는 사람은 격감하고 있으며, 유물론적 역사관이나 그것과 유사한 역사의 발전 법칙을 둘러싼 이론을 자각적으로 신봉하는 사람은 적어졌다. 그러나 인간이 점차 이성적으로 사유·행동하게 되고 도덕의 기본이 공유되게 된다고 믿고서 인권이나 휴머니즘을 내걸고 활동하고 있는 사람들은 모종의 형태로 '인류의 보편적 진보의 역사'를 상정하지 않을 수 없다. 그러한 상정이 없다면 자신들의 활동이 인류가 놓여 있는 상태의 개선에 이바지한다고 믿기는 어려워진다.

헤겔–맑스의 '역사의 종언'론을 현대 사회 과학의 식견과 도덕적 규범을 둘러싼 철학적 논의의 현 상황과 커다란 어긋남이 생기지 않는 형태로 변형해 가고자 하는 사람들과, '목적'을 향해 가는 '역사'라는 사유 방식 자체가 서구 근대의 환상이며 그것을 고집하는 것은 무익하다고 하는 입장이 있다. 전자의 대표적인 존재로 여겨질 수 있는 것은 1960년대 이후 독일 사상을 주도하고 정치 철학에서의 숙의 민주주의론의 제1인자이기도 한 하버마스다. 하버마스는 맑스주의와 정신분석을 결합한 네오 맑스주의적인 이론 장치를 가지고서 인간 안팎의 자연을 억압하고 합리성이라는 이름 아래 동화할 수 없는 타자를 배제하는 '계몽주의적 이성'의 폭력을 고발한 테오도어 아도르노(1903~69)와 막스 호르크하이머(1895~1973) 등의 프랑크푸르트학파 — 프랑크푸르트학파에 대해서는 졸저『현대 독일 사상 강의』(作品社)를 참조 — 계보로 이어지는 이론가이자 이 학파 제2세대의 지도자로 생각되는 경우가 많다. 초기 프랑크푸르트학파는 헤겔–맑스적인 역사 철학을 진보의 이면으로 자본주의적 문명 속에서 인류가 자기 자신을 소외시키고 불행에 빠져 전체주의적인 야만으로 퇴행할 가능성을 암시하는 역사관으로서 바꿔 읽었다. 그러나 하버마스 자신은 시민 상호 간의 이성적 의사소통의 축적을 통해 (개인의 자유를 존중하는) 자유주의와 (다수파의 의지에 의한 통치를 의미하는) 민주주의를 조화시키면서 보편적 정의에 다가갈 수 있다고 하는 적극적이고 유연한 헤겔주의 입장을 취하고 있다.

리오타르는 '역사'를 하나의 '이야기'로 삼았다

후자 입장의 대표는『포스트모던의 조건』(1979)에서 포스트모던 사회의 특징과 앎의 상황을 간결하게 그려냄으로써 '포스트모던'이라는 말을 유포시키는 데 크게 이바지한 프랑스의 철학자 장 프랑수아 리오타르

(1924~98)다. 리오타르는 '역사'를 의미하는 프랑스어 〈histoire〉나 독일어 〈Geschichte〉가 '이야기'라는 의미도 지닌다는 것 — 영어 〈history〉와 〈story〉도 본래 '이야기'를 의미하는 그리스어 〈historia〉에서 유래하는 같은 말이었다 — 에 주목하고, 보편적·객관적 법칙에 따라서 단선적으로 발전해 가는 '역사'라는 것은 근대 계몽주의가 산출한 하나의 '이야기'에 지나지 않는 것일 뿐이라고 주장한다.

계몽주의자들은 과학을 자기편으로 끌어들여 자신들의 규칙에 의한 언어 놀이를 사회적 정통성의 유일한 원천으로 삼아 왔다. 그것은 과학적 언어 놀이에 종속되지 않는 다른 '이야기'를 비합리적인 것, 진실하지 않은 것으로서 배제하는 것이다. 과학적 담론이 어떻게 해서 정통성의 유일한 원천이 되는지 새삼스럽게 생각해 보면 분명한 이유를 알 수 없지만, 과학의 사회적 유용성이 광범위하게 인정되게 됨으로써 어느 사이엔가 종교나 전통적 관습, 예술 등, 다른 언어 놀이를 밀어내고 '보편성'을 획득해 갔다. 서구를 넘어서서 세계 속으로 그 영향이 확대되어 간다는 의미에서 '보편성'이기도 하다. 과학 그 자체가 발전하고, 그에 대응하여 좀 더 고도한 기술이 우리의 생활을 편리한 방식으로 변화시키는 동시에 그에 수반하여 개인이 자유롭게 행동할 수 있는 것이 늘어나고 있는 것은 확실한 것으로 보이기 때문에, 과학·기술을 기준으로 하면 헤겔 = 코제브적인 '보편사'를 상정하는 것은 그다지 무리가 없어 보인다.

그러나 리오타르의 말을 빌리자면, 포스트모던 사회에서는 각종 매체에 의해 과학에 관한 정보가 사람들에게 널리 공유되어 과학 전문가와 대중이 지니는 지식의 차이가 절대적인 것이 아니게 되는 동시에 과학의 각 부문, 각 연구 영역·주제마다 견해가 다르다는 것이 점차 분명해졌다. 과학의 성과에 의해 전쟁과 사고, 인체에 대한 해 등의 위험이 커지는 것은 널리 알려진 것이 되었고, '과학'이라는 이름만 대면 '정통성'을 얻을 수 있는 것이 아니게 되었다. 보편적 '역사'가 역시 다양한 허구를 포함하고, 사람들의 관습적인 견해나 원망을 반영한 '이야기'였다는 것이 새삼스럽게 드러나고 있다. 과학을 중심으로 하는 '근대'를 뒷받침해 온 법과 정치, 경제 등의 담론들은 미개한 부족 사회에서 해당 사회를 유지하기 위해 선조로부터 전승되어 온 '이야기'와 본질적으로 다르지 않은 것이 아닐까? 그것들은 다만 그 적용 범위가 클 뿐인 것이 아닐까? 리오타르에게 '역사'란 그러한 '큰 이야기grands récits'의 집합체에 지나지 않는다.

하버마스와 리오타르의 상이점

'역사'에 대한 하버마스와 리오타르 견해의 다름은 양자의 언어관과 불가분하게 결부되어 있다. 하버마스에게 언어의 본질은 상호 이해를 추구하는 사람들의 의사소통적 행위다. 우리는 혼잣말한다든지 타인에게 지시한다든지 상대방을 공격한다든지 속이려고 하는 등, 자기중심적으로 언어를 사용하기도 한다. 그러나 그러한 경우에도 상대방에게 이해시키고 그 응답을 기대하며 말하고 있는 이상, 상대방과의 사이에서 무언가의 합의를 형성하고 지식과 규범, 가치 평가를 공유할 것을 의지하고 있을 것이다. 그렇지 않았다면 상대방으로부터의 반응이 없을 것이고, 이해되지 않았다든지 몹시 곡해되었다든지 하더라도 자기의 몸에 직접 위해가 가해지지 않는 한에서 전혀 마음 쓰지 않을 것이다. 의사소통의 최종적 좌절을 회피하고 정상적 회로로 가능한 한 돌아오기 위해 또다시 말하는 데 마음 쓰는 것이라면, 근저에 서로 이해하고 싶어 하는 욕망이 놓여 있다고 상정하지 않을 수 없다. 그리고 우리의 그날그날 생활의 중심이 언어적 의사소통을 매개로 한 관계성의 구축·조정이라고 한다면, 우리의 행동을 규율하는 규범도 의사소통적인 합의를 토대로 한 것이 될 것이다. 우리는 주위의 타자들이 — 논의를 한 경우에 — 합의해 주는 그러한 규칙을 채택하게 된다. 사람들의 교류 범위가 확대되면, 그때까지의 친숙한 공동체의 구성원들뿐만 아니라 좀 더 다양한 가치관과 생활양식을 지닌 사람들이 함께 합의할 수 있는 그러한 보편적 규범을 추구하게 된다. 그리하여 도덕과 법의 진화가 생겨난다.

하버마스가 다루고 있는 주제는 시민적 공론장의 생성사(『공론장의 구조 전환』(1962)) → 상호 행위론적인 관점으로부터 유물론적 역사관을 고쳐 읽기(『인식과 관심』(1968)) → 의사소통적 행위의 일반 이론의 구축(『의사소통적 행위 이론』(1981)) → 담론 윤리(『담론 윤리』(1991)) → 숙의 민주주의(『사실성과 타당성』(1992)) → 공론장에서의 종교의 역할(『자연주의와 종교 사이』(2005))로 변천해 왔지만, 의사소통을 중심으로 한 도덕·법·정치의 진화를 논증하고자 하는 자세는 일관되어 있다. 스미스와 칸트로부터 헤겔이 계승한 사회 질서의 진화론을 의사소통을 토대로 하는 형태로 다시 정식화하는 시도를 계속하고 있다고 말할 수 있다.

그에 반해 리오타르는 언어의 본질을 사람들 사이의 대립을 두드러지게 만드는 '항쟁différend'에 있다고 보고 있다. 사회 속에서 다양한 입장에 있는 사람들은 각각 자신들의 이해관계·관심에 적절한 담론을 유효한 것으로 유통하고자 하여 '항쟁'한다. 재판을 예로 생각해 보면 이해하기 쉽다. 재판에서는 가령 기본적인 사실 관계에 대해서는 거의 다툼이 없는 경우에도 원고와 피고 쌍방 모두 자신이 쟁점으로 들고 있는 사실이 중요하며, 상대방 측이 마음 쓰고 있는 점은 관계가 없든가 아니면 주변적인 의미밖에 지니지 않는다고 주장한다. 의료 재판이라면 원고＝환자 측이 사전 동의 과정에 초점을 맞추어 이야기를 만들고자 하는 데 반해, 병원 측은 투약과 수술의 과학적 적절성에 초점을 맞추어 이야기를 만들고자 하는 경향이 있다. 판결이 나오면 어느 편인가의 이야기만이 타당하게 여겨지고, 다른 편은 부당한 것으로서 각하된다. 사회적 문제를 둘러싼 공론장에서의 논의에 재판처럼 명확하게 흑과 백이 붙여지는 일은 그리 없지만, 그럼에도 사회 속에서 정형화되어 미디어에 유통되고 있는 담론들이 다투어 하나만이 살아남아 정당한 것으로서 유통되고 다른 것은 이상한 언동으로서 무시되는 일은 자주 일어난다.

언어 철학적 문제

'항쟁'이라는 계기를 중시하는 리오타르가 보기에 하버마스처럼 합의에 기초하는 진화를 논증하고자 하는 이론은 담론의 배후에 놓여 있는 '항쟁'을 은폐하고 다수파나 승자의 언어에 보편성의 겉모습을 부여함으로써 패배한 자들의 억압에 이바지하는 폭력성을 감추고 있다. 승자에게서의 '자유'의 증대는 패자가 좀 더 강하게 억압되게 된다는 것을 함의하고 있을지도 모른다. 『포스트모던의 조건』에서 리오타르는 계몽주의의 옹호자로서의 하버마스를 명확히 이름을 들어 비판하고 있다. 리오타르의 '항쟁'론은 헤겔 철학으로부터 '투쟁'이라는 계기만 추출하여 언어론으로서 재구성하는 것으로 '역사의 진보'라는 상정을 근저로부터 의문에 부치는 것이라고 말할 수 있다. 리오타르뿐만 아니라 미셸 푸코(1926~64)나 데리다도 담론의 배후에 놓여 있는, 또는 담론을 통해 구성되는 힘의 경쟁, 권력관계에 주목하고, 언어적 의사소통에 의한 합의와 그에 기초하는 보편적 규범 형성에 기대를 거는 하버마스 등과 날카롭게 대립하고 있다.

앞에서 코제브 해석 맥락에서 다룬 아즈마 히로키의 동물화＝오타쿠화론은 '보편적 의사소통 능력에 뿌리박은 인간성의 진화론'과 '보편적 인간성'을 목표로 한 도덕 철학에 비판적인 리오타르-푸코적인 입장의 중간에 위치한다고 볼 수 있다. 다시 동물화한 오타쿠들은 모든 사람과 인간성의 이상을 공유하는 데 필요한 의사소통 능력을 몸에 익히기 위해 노력하고자 하는 의지는 없지만, 같은 취미를 지닌 동료들 사이에서는 오히려 농밀한 의사소통을 지향하고 서클 내의 규범을 형성하고자 한다. 인터넷상의 가상 공동체의 자치와 의사소통 스타일에 주목하는 네트워크 사회론에는 이러한 의미의 중간적인 경향이 강한 것으로 보인다. 가상 공동체론의 다수는 철학적 동기를 지닌 것이 아니기 때문에, 헤겔적인 '인간 — 역사'관과의 관계는 이론적으로 선명해지지 않지만, 아즈마 등의 논의를 매개로 하여 사회 사상사적으로 그러한 자리매김을 할 수도 있을 것이다.

헤겔의 역사 철학을 어떻게 평가할 것인가 하는 문제는 사람과 사람을 관계 짓는 언어의 활동을 어떻게 파악할 것인가 하는 언어 철학적 문제와 불가분의 관계에 놓여 있다. 역으로 말하면, 언어의 규범적·가치적 성격을 둘러싼 논의는 거의 불가피하게 헤겔을 둘러싼 문제 권역으로 통하는 것이다.

제2장

'주인'과 '노예'의 변증법

'주인/노예'의 투쟁이란?

인간의 정신세계 내에서만의 존재

앞에서 말했듯이 코제브는 '자유'로 향해 가는 절대정신의 운동(=세계사)을 진전시키는 원동력으로서 『정신현상학』에서 그려진 '주인Herr'과 '노예Knecht' 사이에서 전개되는 생사를 건 투쟁, '주인/노예'의 변증법을 중시하고 있다. 당연히 이 경우의 '주인'과 '노예'라는 것은 현실의 주종 관계나 신분적 상하를 직접적으로 가리키고 있는 것이 아니다 — 조금 뒤에서 보게 되듯이 헤겔이 말하는 '주인/노예' 관계가 어느 정도까지 실재적인 사회적 관계에 대응하는 것인지 일의적으로 해석하기는 어렵다. 문제가 되는 것은 '주인'의 입장에 있는 사람과 '노예'의 입장에 있는 사람 각각의 의식의 존재 방식과 양자 사이에서 생겨나는 관계성이다. 『정신현상학』 자체에서의 '주인/노예'의 변증법에 관한 기술은 일본어 역으로 몇 쪽 정도의 아주 짧은 것이지만, 헤겔의 말투가 추상적인 데 더하여 이야기가 진행되는 방식이 복잡하여 이해하기 어렵기 때문에, 아래에서는 내 나름의 이해에 따라 상당히 보완하는 형태로 그 개요를 소개하고자 한다.

헤겔 자신의 정의에 따르면, '주인'은 '자립적이고 대자적인 존재를 본질로 하는 의식'이며, '노예'는 '비자립적이고 대타적인 존재를 본질로 하는 의식'이다. '대자적 존재das Fürsichsein'라는 것은 자기 자신과 마주 대하거나 자기 자신을 위해 존재한다는 것이다. '대타적 존재das Sein für ein Anderes'란 타자와의 관계에서나 타자를 위해 존재한다는 것이다.

'존재'라는 표현은 현대 일본인에게는 과장되게 들릴 수 있다. '살고 있음' 정도의 표현 쪽이 좋은 듯이 보인다. 본격적으로 철학을 공부한 적이 없는 독일인도 그렇게 생각할 것이다. 그러나 자연계에는 인간이 '주인'이라든가 '노예'라는 개념으로 지명할 수 있는 것은 실재하지 않는다는 점을 염두에 두면, 다소나마 감이 잡힐 수 있을 것이다. 사물이나 사건, 서로의 사회적 역할과 지위에 이름을 붙이고 개념적으로 정리하여 파악하고자 하는 인간의 인식 활동 및 그에 의해 서로의 사회적 관계를 조정하고자 하는 실천 활동이 없었다면, '주인'도 '노예'도 존재할 수 없다. '주인'도 '노예'도 '(공동체적) 정신'이 활동하고 있는 영역, 언어를 매개로 하여 성립하는 인간의 정신세계 내에서만 '존재하는' 것이다.

이 점을 전제로 하여 '주인임'과 '노예임'의 의미를 생각해 보자— 독일어의 〈sein〉 동사는 영어의 be 동사와 마찬가지로 '~가 있음(존재함)'이라는 의미 외에 'A가 B다'라고 말할 때의 '~이다'(계사)로서의 의미도 있다. '주인'이라는 인간도 '노예'라는 인간도 '주인'이나 '노예'로서의 존재 방식 이외에 '~의 자식이다'라든가 '~의 아버지다', '○○ 사람이다', '신장의 크기 △△이다'와 같은 다양한 존재 방식을 하고 있다. '주인임'도 '노예임'도 그러한 다른 존재 방식들 모두를 사상하고 하나의 관계, '주인/노예' 관계만으로 쥐어짠 존재에 대한 파악 방식이다. 헤겔은 그러한 추상화된 의미의 '주인임'의 본질이 '자립적이고 대자적인 존재라는 것', '노예임'의 본질이 '비자립적이고 대타적인 존재라는 것'이라고 말하는 것이다. 일부러 대단히 추상적인 표현을 사용하는 헤겔의 뜻에 반하는 것이 될 수 있겠지만, 모종의 조금 더 구체적인 이미지로 생각해 보자.

인간 상호 관계에서의 '주인'과 '노예'

'자립적'이라는 것은 자신이 '주인'이기 위해 타자의 도움이 필요하지 않다는 것이다. '대자적 존재'라는 것은 자신이 '주인'이라는 것의 의미를 스스로 파악하고 있다, 자각하고 있다는 것이다. 타인의 의향 등을 신경 쓰지 않고서 자기가 어떤 존재인지, 어떻게 있어야 할지를 스스로 결정하고 그대로 행동하는 그러한 존재 방식을 하고 있다는 것이다. 이것은 현대 일본에서 자주 사용되고 있는 대중 사회학 용어로 말하자면 순수한 '나^{俺様} ·오레사마'의 상태에 있다는 것이다. 순수한 '나'에게는 다른 사람의 의향도 사회적 현실도 관계가 없다. 역으로 '나'가 관계하는 모든 것, 세계는 '나'의 뜻대로 된다. 그야말로 '신'이다. 물론 아무리 방약무인하게 행동한다고 하더라도, 현실 세계는 '나'의 생각대로 되지 않고 '나'도 무자각적으로 다른 사람의 의향을 헤아리고 있겠지만, 헤겔이 철학적으로 정의하는 '주인임'은 그러한 불순한 요소는 전혀 포함하지 않는다.

타자의 의향을 전혀 배려하지 않는 '주인임'에 반해, '노예임'은 자기 단독으로는 존재할 수 없고 자기의 존재 방식을 스스로 결정할 수 없으며 타자(주인)를 위해 존재한다는 것을 의미한다. '노예'의 행위 모두는 주인의 의향을 실현하기 위해 수행된다. PC나 휴대폰이 소유자를 위해 있듯이, '노예'는 '주인'을 위해서만 있다. 현실의 PC나 휴대폰은 다른 사람이 사용할 수도 있지만, 소유자만이 기동하고 조작할 수 있게 설정된, 고도로 고객의 주문대로 맞추어진 AI와 같은 이미지에서 생각하면 좋을 것이다. '주인'이 관심을 지니지 않았다면, '노예'의 입장에 있는 인간의 육체는 존재하더라도 '노예'의 본질인 '노예로서의 정신'은 존재하지 않는 것이다.

이렇게 고도로 추상화된 형태로 정의되는 '주인(임)'과 '노예(임)'는 특정한 인간관계라기보다는 인간 상호 간의 관계에서의 '주체/대상' 관계,

'능동성/수동성'을 보여주고 있는 것으로 보인다. 놀랍게도 헤겔 자신이 그러한 의도로 '주인/노예'에 대해 언급하고 있을 것이다. '주인/노예'가 나오는 것은 우리의 자아 내에서 어떻게 해서 자기의식과 자립성이 성립하는지를 논의하는 맥락에서다. '주인'은 인간의 주체로서의 능동적 측면을, '노예'는 타자의 대상이 되는 경우의 수동적 측면을 대표한다고 말할 수 있다. 다만 그렇게 생각하면, 언제나 순수하게 능동적이고 타인으로부터 움직여지는 일이 없는 인간은 없으며, 그 역으로 언제나 순수하게 수동적이고 타인에게 움직이도록 하는 일이 없는 인간은 없다. 어느 정도 주체적인 인간이라고 하더라도 스스로는 결정하기가 불가능하여 주위의 다른 사람에게 맡기지 않을 수 없는 일이 있다. 누구라도 자신의 탄생 순간을 통제할 수 없으며, 스스로가 어떠한 사유 방식, 가치관을 할 것인지 전면적으로 자기 자신만으로 결정할 수 없다. 그 역으로 아무리 수동적인 인간이라고 하더라도, 모종의 형태로 자신으로부터 타인에게 작용하지 않을 수 없는 때가 있다. 충실하게 상대방의 의향에 따라 행동하고자 하면, 상대방을 향해 말하고 의향을 물어 이해하는 자발적 행위가 필요로 된다.

다시 말하면, '주인'과 '노예'라는 말이 통상적으로 맞짝을 이루어 사용되는 것으로부터 알 수 있듯이, 양자는 모종의 의미에서 일정한 불가분의 관계로 되는 것이다. '노예'(적 존재)가 없는 '주인'(적 존재)은 없으며, '주인'(적 존재)이 없는 '노예'(적 존재)는 없다. 헤겔은 '주인'과 '노예'가 현실 세계에서 '사물Ding'을 매개로 하여 상호 간에 관계하고 있다는 것에 주의를 돌린다.

'신체'와 '정신'의 통일

'주인'은 그날그날의 생활을 위해 일정한 양의 '사물' — 음식물이나 의류 등 — 을 소비하지 않으면 안 된다. 이를 위해서는 '사물'을 손에 넣고 가공하여 소비할 수 있는 형태로 만들 필요가 있다. 그러나 스스로 '사물'의 세계와 적극적으로 관계하고자 하면, '주인'은 '사물'의 저항에 부딪힌다. '사물'은 인간의 생각대로 되지 않는다. '사물'과 정면에서 격투를 벌이면, 요컨대 의식주를 얻어 살아남기 위해 분투하게 되면, 정신적 주체성 = 자유를 누릴 여지는 거의 없어진다. 동물과 같은 행동 패턴을 취할 수밖에 없다. 요컨대 거의 오로지 물리적 인과 법칙에만 따라서 행동하게 되고, '자유의지'로써 그 좋고 나쁨을 판단한다든지 숙고한 다음, 한다/안 한다를 선택할 여지는 없어지는 것이다. 인간의 신체는 본래 '자연'의 일부이고 인과 법칙에 따르고 있다. '정신'이 있고 '정신'적으로 활동하고 있다는 것은 그러한 자연의 인과 법칙으로부터 어느 정도 해방되어 있다는 것을 의미한다.

인과 법칙을 따르는 '신체'와 자유의지에 의해 자기의 존재 방식을 결정하는 '정신'을 어떻게 해서 하나의 인격으로서 통일적으로 파악할 것인가 하는 것은 데카르트(1596~1650) 이래로 근대 철학의 중요한 주제다. 그리스도교 신학처럼 신의 창조 위업에서의 예정 조화를 전제해서는 안 된다. 칸트는 인과 법칙을 따르는 감성적인 자기의 존재 방식과 자기 자신이 따라야 할 도덕 법칙을 발견하여 자발적으로 따르는 (실천) 이성의 활동을 각각 별개로 수미 일관성을 지니고서 그려내고자 시도했지만, 그에 의해 신체와 정신의 통일적 파악은 한층 더 어려워졌다. 『정신현상학』의 헤겔은 처음부터 '신체'와 '정신'의 이질성을 두드러지게 하는 것이 아니라 감성적 지각 속에서 서서히 활동하기 시작한 자기의식이 점차로 주위 '사물'의 저항을 극복하고 자립성을 높여가는 과정 — 이를테면 철이 들지 않은 갓난아이가 자립적인 인격으로 되어가는 과정 — 을 그림으로써 '신체'적인 것과 '정신'적인 것의 상관관계를 해명해 가는 전략을 취하고 있다.

'주인'의 '정신'적 주체로서의 자각

이처럼 '주인/노예' 관계는 '정신'이 '사물'의 세계에 대한 구속으로부터 서서히 벗어나고, 역으로 자기 자신의 의지로써 '사물'의 세계를 지배하게 되는 과정에서 중요한 역할을 한다. '주인(주체)'에게 '노예'의 존재는 이중의 의미를 지닌다. 하나는 타인인 '노예'에게 육체적인 일을 맡김으로써, 즉 자신이 '사물'을 사용하여 실행하고 싶은 것을 '노예'에게 명령하여 대행하게 함으로써 자기 자신은 '사물'에 강하게 사로잡히는 일 없이 '사물'에 대해 지배적인 영향을 미칠 수 있게 된다는 것이다. 물론 '주인'도 육체를 지니는 까닭에 '사물' 세계의 법칙으로부터 전면적으로 해방되는 것은 아니지만, 적어도 자기의 머리로 생각하고 결단할 여지는 훨씬 더 넓어진다. 현장에서 몸을 혹사하는 작업원이 있는 덕분에 과학자나 기사가 이론적인 작업에 전념하고 정밀한 기계나 실험·관측 장치를 만들 수 있다는 점을 염두에 두면, 감이 잡힐 수 있을 것이다. 또는 고대 그리스와 로마에서 노예의 노동에 뒷받침되어 철학과 예술, 정치의 기법이 발달했다는 점을 염두에 두어도 좋을 것이다 —『정신현상학』에서는 역사적·구체적인 신분 제도에 대해 언급하고 있지 않지만, 10년 후에 간행된『엔치클로페디(철학적 학문들의 엔치클로페디 강요)』(1817년 초판, 1827년 제2판, 1830년 제3판)의 제3부「정신 철학」에서는 그리스·로마의 노예제와 그리스의 참주 정치 등이 예로서 인용되고 있다. 요컨대 정신과 신체의 분업이다. 이 분업 덕분에 공동체적인 '정신'이 발달하고 자유롭고 창조적인 주체들이 등장할 가능성이 넓어진다.

또 하나는 기본적으로 타자이자 언어와 법, 관습 등의 비물리적인 형태로 명령을 전할 필요가 있는 '노예'와 접하는 것이 '주인'이 '정신'의 세계에 눈을 뜨는 계기가 된다는 것이다. '정신'을 개입시키지 않고서 일하게 할 수 있는, 아니 그보다는 그렇게 할 수밖에 없는 동식물과 광물만을 대상으로 하고 있었던 것으로는 설사 '주인(주체)' 안에 '정신'의 맹아와 같은 것이 있었다고 하더라도 그것을 발달시킬 수 없다. '정신'을 '형성 = 도야bilden'하여 '교양Bildung'을 높이기 위해서는 다른 정신적 존재와의 관계가 필요하다. 그 우선적인 상대방이 되는 것이 '노예'다. 다시 말하면 '노예'는 '주인'이 단순한 육체가 아니라 '정신'적 존재라는 점을 승인해 준다. '노예'의 인정Anerkennung에 의해 '주인'은 '정신'적 주체로서의 자각을 계속해서 유지할 수 있다.

'주인/노예' 관계에 숨어 있는 모순

'노예'의 양면성

이렇게 '노예'는 '주인'이 '주체'로 되기 위한 발판으로서 중요한 역할을 짊어지고 있는 것이지만, 잘 생각해 보면 '노예'의 두 가지 역할 사이에는 모순이 있다. 그것은 '노예'가 '주인' 대신에 '사물' 세계와의 격투를 자기의 몸에 받아들여 인과 법칙에 강하게 사로잡혀 있는 한편, '주인'과 '정신'적인 관계를 지니고 있다는 점이다. 물론 현실에 존재하는 '노예'에게는 양면성이 있고 정도 문제라고 말할 수도 있지만, 두 가지 역할 사이에 모순이 있고 양립하기가 어렵다는 것은 부정할 수 없다. 조금 구체적으로 생각해 보자.

우리가 우리 자신의 '정신'으로서의 존재 방식을 자각하고 '정신'적으로 의의가 있는 활동에 종사하기 위해서는 개나 고양이처럼 내 편에서의 작용에 대해 단지 물리적으로 반응할 뿐만 아니라 내 편의 말과 사인, 몸짓 등에 포함되는 의미를 이해하고 그에 대해 자기의 의지로 응답하는 것으로 보이는 상대방이 필요하다. 그러나 '주인'의 생활을 뒷받침하기 위해 육체를 혹사하고 있는 '노예'라면 그러한 지적인 응답은 어렵다.

개나 고양이처럼 기계적으로 반응할 뿐이 될 것이다. 특히 '주인'을 일상의 세세한 것으로 괴롭히지 않도록 명령받기 전에 무엇을 '주인'이 의욕하고 있는지 미리 헤아려 자동적으로 행동하는 습관이 붙으면 그 경향이 더욱더 강해진다.

'주인'의 입장에서 보면, 하나하나 말대꾸한다든지 어떤 식으로 하고 싶은지 설명을 요구하는 '노예'가 아니라 잠자코 실행해 주는 '노예'라면 그만큼 더 자기 자신이 '사물'로부터 해방되는 데 편리하지만, 그러한 상대방이라면 '정신'적인 관계를 맺을 수 없다. 물론 '노예'가 아니라 자신과 같은 입장의 인간과 교제한다면 좋겠지만, 여기서는 자유로운 인간으로서 상호 간에 서로 인정할 수 있도록 성숙한 의식에 이르기 이전의 단계, 즉 세계의 중심에는 자신밖에 없으며, 다른 사람은 자신의 명령을 무조건 실행하는 노예이든가 역으로 무조건 따르지 않으면 안 되는 주인의 어느 쪽인가밖에 없다는 발상밖에 할 수 없는 유치한 의식 단계에 놓여 있는 인간을 상정하여 이야기를 진행하자. 그러한 전면적으로 자기 본위의 '주인'에게는 '노예'가 떠맡는 물질적인 인과 법칙으로부터 해방해 주는 역할과 정신적인 교류 상대방으로서의 역할은 반비례하게 된다.

'주인에 대한 공포'가 '지혜의 시작'

헤겔에 따르면 '노예'는 언제나 자신의 존재에 대해 불안을 품고 있다. 그것은 절대적 '주인' 아래에서의 죽음의 공포다. 이 공포 때문에 '노예'는 내면적으로 무너지고 근원적으로 동요하며 자기 안의 기둥이 되어야 할 것을 빼앗기고 만다. '노예'는 '주인'의 소유물이자 언제 '주인'의 변덕으로 말살될지도 모른다. 그로 인해 자기 자신이 이대로 존속할 것인지 어떨지 알 수 없다. 따라서 장래를 응시하고서 통일적으로 자기의 이미지를 유지하기가 어렵다. 죽음의 공포에 압도되게 되면, 각각의 순간마다 일어나는 것밖에 의식·기억할 수 없게 된다.

'노예'가 계속해서 그러한 불안정한 상태에 놓이게 되면, 그 '노예'의 활동에 물질 면에서 의존해 있는 '주인(주체)'의 존재도 위태로워진다. 헤겔은 이 모순 때문에 '주인/노예' 관계가 붕괴하고 양자의 입장이 전도될 가능성을 시사하고 있다. '주인에 대한 공포die Furcht des Herrn'가 '지혜의 시작der Anfang der Weisheit'이라고 한다. 어떠한 것인가? '노예'가 '주인에 대한 공포'로 인한 자기 해체를 경험한다는 것은 뒤집어 말하면 그만큼 강하게 자기의 존재를 의식하고 있다는 것, 그리고 그 자기의식의 내용을 부정(변경)할 수 있다는 것을 의미한다. '(지금의) 자기가 없어질지도 모른다'고 하는 불안은 '노예'가 자기라는 존재를 부정적인 형태라고 할지라도 의식하고 있지 않으면 논리적으로 불가능하다. 그리고 자기의식은 모종의 형태로 자기 자신이 소멸한다든지 변용할지도 모른다는 것을 함의하고 있다. '의식 상태'에 아무런 변화도 없이 그대로라고 한다면, 주위 환경과 자기 자신의 존재를 구별하는 자기의식은 존속할 수 없다. 자기의식 변화의 극한이 '죽음'이라고 생각된다. '노예'가 '죽음'을 의식하고 있다는 것은 자신이 어떤 시간의 흐름 속에서 — '영원히'가 아니라 — 일정 기간만 존재한다는 것을 의식하고 있다는 것으로 생각된다. 막 태어난 갓난아기나 대부분 동물은 그러한 부정적인 자기의식마저도 지니고 있지 않은 것으로 보인다. 그에 더하여 어떤 타자를 자기의 '주인'으로서 인식(→ 인정)한다는 것은 오로지 수동적으로 존재하는 자기와는 다른 존재 방식, 즉 죽음의 공포를 일방적으로 받아들이는 것이 아니라 오히려 주는 측으로서의 존재 방식도 있을 수 있다는 것을 인식한다는 것이다.

이러한 '지혜'에 의해 '노예'로 하여금 자기의 상태를 '주인'의 그것에 다가가게 하도록 노력하게끔 하는 동기가 조만간에 생겨난다. '노예'는 우선은 '주인'의 명령을 수행하는 가운데 좀처럼 생각대로 되지 않고 자기를 수동적인 상태에 붙들어 두고 있는 사물적인 환경을 극복하고 그것을 지배할 것을 시도한다. 그것이 '노동Arbeit'이다. '노동'이란 자기의 '욕망Begierde'을 억제하면서 '사물'에 손을 더함으로써 그것을 이용할 수 있는 대상으로 형성하는 일이다. '노동'을 통해 '노예'는 점차로 자기 형성하고 자발적인 의식을 지속적으로 보존할 수 있게 된다. '노동'의 능력을 몸에 익힌 '노예'는 '주인'의 '욕망'을 충족하는 데서 결여할 수 없는 존재인 까닭에, 그 점이 서로 간에 이해되면 '죽음에 대한 공포'는 점차 완화되어 간다. 이러한 '노예'의 '주체'화는 아이가 부모나 교사의 지시·지도 아래서 세계에 대한 유익한 활동 방식을 배우고 사회적으로 유용한 존재로 자기 형성해 가는 과정을 상징하고 있다고 볼 수 있을 것이다.

헤겔의 '노동'론

'노동'에 의해 자기 형성하는 '노예'는 그때까지 자기를 공포에 빠트리고 있던 외적인 힘을 극복하고 '사물'을 뜻대로 다룰 수 있게 되어간다. 그리고 '노동'에 의해 만들어진 '대상' 안에서 '노예'는 자기 자신의 '대자적 존재'를 발견한다. 다시 말하면, '대상' 안에서 그것을 만들어 낸 자기의 본성을 발견하고, 그것을 계기로 하여 지속적이고 안정된 자기의식을 획득한다. 회화와 조각, 연극 등의 예술적 창작에서 스스로 만들어 낸 작품을 통해 자기 인식이 명확해지고 자신이 무엇을 추구하고 있는지 알고서 다음 창작의 실마리를 발견하는 것과 평행하게 생각하면 쉽게 이해할 수 있을 것이다.

젊은 시절에 헤겔과 상호 영향을 주고받은 셸링은 예술로 특화하는 형태로 대상을 통한 자기 직관 — 자기 자신의 존재를 직관적으로 알아차리는 것 — 의 문제를 논의하고 있다. 헤겔의 '노동'론과 통하는 바가 있지만, 셸링이 '예술'과 '신화'에서 볼 수 있는 무의식 차원에서 진행되는

'자기' 직관을 중시하는 데 반해, 헤겔의 '노동'론은 사회적으로 객관화되고 창작 주체뿐만 아니라 다른 사람들에게도 이성적으로 인식·이용 가능한 대상에 초점을 맞춘다. '노동'은 자기의 형성＝교양과 사회의 계몽에 이바지한다.

'노동'에 의해 만들어진 '대상'은 외화한 자기라고도 말해야 할 성격을 지니며, '나'에게 거울과 같은 역할을 한다. 관습적 규범Sitte과 법, 학문과 같은 제도적인 것도 넓은 의미의 '노동'의 산물, '노예'적인 상태에 있었던 사람들의 자기의식이 자발성을 획득해 가기 위한 매체로 볼 수 있다. '세계사'는 '노예'(종속)적인 상태에 있었던 압도적 다수의 사람이 '노동'에 의해 엄혹한 자연환경을 극복하고, 자유로운 '주인(주체)'으로 되어가는 과정이다. 다시 말하면 이러한 역사 속에 등장하는 '노예'들의 '노동'을 매개로 하여 '절대정신'이 좀 더 고차적인 자기 인식(실현)을 지향하여 운동하고 있다고도 할 수 있을 것이다.

인간의 '자기＋타자' 의식의 발전

그런데 헤겔은 '노동'에 의해 능동성을 획득한 '노예'가 스스로에 대해 '부정적 작용을 미치는 이질적인 것das fremde Negative'을 '부정'하게 된다고 말하고 있다. 이 '부정적 작용을 미치는 이질적인 것'이라는 것을 오로지 '사물', 외적인 자연환경으로만 해석하게 되면 인간들의 대립은 생겨나지 않지만, 거기에 '주인'도 포함된다고 해석하면 이야기가 달라진다. 그것은 당연히 '주인'에 대한 '노예'의 반란 가능성을 시사한다고 보아야 할 것이다. 서구의 역사에서는 여러 차례 노예와 농노의 반란이 일어났다. 헤겔이 『정신현상학』을 쓴 것이 프랑스 혁명–나폴레옹 전쟁의 시대라는 점, 그 자신이 프랑스 혁명에 열광하고 갑자기 등장하여 오랜 유럽 나라들을 타파한 자인 나폴레옹에게서 세계정신을 보고 있었다는 점을 염두에 두면, 아무래도 '노예'의 현실적인 반란 가능성을 생각하지 않을 수 없다.

헤겔은 '주인/노예' 관계에 대해 상당히 추상적인 기술을 하고 있으며, '주인'이 최종적으로 어떻게 될 것인지 이야기하고 있지 않다. 그로 인해 '주인'이라는 것은 발달하지 못한 자기의식의 단계에 놓여 있는 '노예'가 도달해야 할 이상 상태, 부모라든가 교사와 같은 인도자를 상징하는 것이지 실체적인 지배자가 아니라고 해석할 수도 있다. 그렇다면 반역과 혁명이 필연적이라고 생각할 필요는 없어진다. 헤겔이 말하는 것과 같은 절대적인 '주인'과 노예'가 실재했다고는 생각하기 어려우며, 반역과 혁명이 거의 없는 사회나 시대도 있는 까닭에, 그러한 해석을 하는 것이 현실적일 것이다. 다만 그렇다 하더라도 인류의 역사 속에는 다른 사람들보다 선행하여 '주인(주체)'의 상태에 도달하고 '노예 = 타자와 자연에 대한 종속' 상태에 머물러 있는 사람들을 이끈 사람들이 있으며, 따라서 그 사람들은 어떻게 해서 그 상태에 도달했던 것인가라는 이론적 문제가 남는다. 또한 설령 실제로 '주인'이 '노예'의 생사여탈의 권리를 장악하는 소유자가 아니라 지도자적인 입장에 있는 데 지나지 않는다 하더라도, '노예' 상태에 놓여 있는 사람이 '주인(주체)'이 되었을 때 양자의 관계는 어떻게 변화할 것인가라는 의문도 있다.

또한 앞에서 말했듯이 '주인'은 스스로 '노동'하지 않고 '노예'의 노동으로 자신의 생활에 필요한 것들을 마련하는 존재, 욕망을 충족하는 존재로서 그려지고 있다. '노동'이라는 면에서 보면, '주인' 쪽이 '노예'에게 물질적으로 의존하고 있다. '노예' 덕분에 '주인'은 계속해서 '나'의 상태에 있을 수 있다. 그러한 '주인'이 '노예'에게 주체성의 모델이 된다는 것은 생각하기 어렵다. 주체성 이상의 모델로서 상정되는 '주인'과 실제적인 '주인' 사이에는 갭이 있다는 것인가? — 아래의 입장에서 올려다보면 훌륭해 보이기 때문에, 실체와는 갭이 있더라도 그 나름의 역할을 하는 부모, 교사, 상사의 이야기라고 생각하면 그 나름대로 이해될 수 있다.

'주인/노예' 관계를 지렛대로 하여 인간의 '자기 + 타자' 의식(= '대자

+ 대타'적 존재)의 발전을 생각해 보도록 하는 헤겔의 착상은 뛰어나지만, 헤겔의 글 쓰는 방식이 지나치게 간결한 까닭에 산뜻하게 하나의 줄거리로 해석하기는 어렵다. 어떻게 해석하더라도 무언가 잘라 내버리게 되고 만다. 그러나 그것이야말로 헤겔 텍스트의 매력이라고 생각하는 사람도 적지 않다.

'노동'을 둘러싼 투쟁

'인정'과 '자기의식'

　코제브에 따르면 헤겔은 예나 전투에서의 나폴레옹의 승리를 보편적 인정을 추구하는 사람들 사이에서 전개되는 생사를 건 투쟁Kampf auf Leben und Tod의 귀결로 이해하고 있다. 이 '투쟁'으로부터 '주인'과 '노예'의 변증법적 상호 의존 관계와 갈등이 생기고, 그것이 세계사를 움직이는 원동력이 된다. 이 경우의 '인정'이란 '사물'에 대한 자기의 권리를 타자가 인정하게 하는 것이다. 타자의 '권리'를 인정하는 것은 법과 공동체적 생활의 기초이며, 그것이 어떻게 해서 가능해지는가 하는 것은 헤겔이 주로 『법철학 요강』에서 추구한 주제다. 코제브의 '주인/노예' 해석은 '권리의 인정'이라는 관점에서 명쾌한 일관성을 지니며 전개되고 있다.

　근대적 국가론의 창시자 홉스에 따르면, 국가와 법이 존재하지 않는 '자연 상태'에서는 각 사람이 타자의 신체를 포함하여 모든 사물을 자신을 위해 이용하고자 하는 까닭에, 한정된 자원을 둘러싼 투쟁이 생겨난다. 바로 이것이 만인에 대한 만인의 투쟁이다. 자기의 신체와 소유물에 대한 '권리'를 타자가 인정하게끔 하지 않는 한에서, 인간은 계속해서 안심하며 존재할 수 없다. 코제브＝헤겔은 이러한 의미의 '인정'과 '자기의식'의 성립 사이에 불가분의 관계가 있다는 논의를 전개한다.

> 자기의식이 존재하기 위해서는, 철학이 존재하기 위해서는 주어진 것으로서의 자기에 관해 자기의 초월이 없으면 안 된다. 그리고 이것은 헤겔에 따르면 욕망이 주어진 것의 존재가 아니라 존재하지 않는 것으로 향하지 않으면 불가능하다. 존재하는 것을 욕구하는 것, 이것은 이 주어진 것의 존재에 의해 자기를 충족시키는 것, 자기를 이것에 예속시키는 것이다. 존재하지 않는 것을 욕구하는 것, 이것은 자기를 존재로부터 해방하는 것, 자기의 자율, 자기의 자유를 실현하는 것이다. …… 다시 말하면 실재하는 주어진 사물로 향하는 동물적 욕망의 충족을 향해 정해진 활동은 결코 자기를 의식하는, 즉 인간적 자아를 실현하는 데는 이르지 못한다.

'욕망'하는 것이야말로 자유로운 '인간적 자아'의 조건

이 경우의 '주어진 것donné'이라는 것은 물리적·물질적 소여, 자연환경에 의해 규정된 상태라고 생각될 수 있을 것이다. 이미 보았듯이 '사물' 세계의 인과 법칙에 그대로 따르고 있는 것이라면 동물과 마찬가지이며, 인간다움, '자율'이라는 의미에서의 '자유'가 개입할 여지는 없다. '욕망 Désir'이라는 것은 자신에게 결여해 있는 것을 획득하고자 하는 것이지만, 눈앞에 놓여 있는 실제로 존재하는 것을 '욕망'할 뿐이라면, 다른 동물과 다르지 않다. '(눈앞에 물리적으로) 존재하지 않는 것non-Être'을 욕망하는 것을 통해서야 비로소 '사물'로부터 자유로워지며, 스스로 자신을 제어하는 '자기의식'을 획득했다고 말할 수 있겠지만, 그것은 구체적으로 무엇을 '욕망'하는 것인가?

칸트라면 자기 인격의 완성이라든가 다른 인격과의 사이에서 도덕적 관계성의 수립과 같은 대단히 추상적인 내용이 '욕망'의 대상 — 칸트 자신은 이러한 '대상'들에 대해 욕망Begierde이라는 말은 사용하지 않는다 — 이라고 말하게 되겠지만, 코제브=헤겔은 '타자의 욕망un autre Désir'을 '욕망'하는 것이야말로 자유로운 '인간적 자아'의 조건이라고 말한다. '타자의 욕망'을 '욕망'한다는 표현은 언뜻 보아 지나치게 막연하여 붙잡을 바가 없는 것으로 들리지만, 이것은 우리 일상의 대부분을 차지하는 대단히 구체적인 욕망이다. 우리는 끊임없이 타인이 무엇을 욕망하고 있는지 의식하고 있다. 특히 자신에게 관계되는 내용을 강하게 의식한다. '나'는 눈앞에 있는 A라는 사람이 '내'가 여기에 있다는 것을 불쾌하게 생각하지 않을 것, 나의 존재를 환영해 줄 것, 또는 '나'에게 마음 쓰지 않고 무시할 것, '내'가 A라는 사람에 대해 지니는 초조함을 무시해 줄 것 등을 바란다. 또한 A라는 사람이 '나'와 같은 먹을거리와 스포츠, 여행 등의 취미를 지닐 것, '나'의 친구인 B라는 사람에 대해 호의를 베풀어 줄 것 등을 바란다. A라는 사람이 '나' 자신도 포함하여 특정한 대상(사물)에 대해 특정한 내용의 욕망을 지닐 것을 '나'는 욕망하고 있다고 말할 수 있다.

인간적이기 위해 인간은 **사물**을 따르기 위해서가 아니라 (사물에 대한) 타자의 욕망을 따르기 위해 활동해야만 한다. 인간으로서 어떤 사물을 욕구하는 인간은 사물을 손에 넣기 위해서보다는 오히려…… 이 사물에 대한 자기의 **권리**를 타자에게 인정시키고, 사물의 소유자로서의 자기를 인정시키기 위해서 활동하는 것이다. 그것은 — 최종적으로는 — 타자에 대한 자기의 **우위**를 그 타자에게 인정시키기 위해서다. 그것은 바로 그러한 **인정**Anerkennung을 추구하는 욕망일 뿐이다. 그것은 비생물학적인 인간적 자아를 창조하고 실현하며 개시하는, 바로 그러한 욕망에서 출발하는 활동 이외에 다른 것이 아니다.

'투쟁'으로부터 '역사'가 시작된다

국가와 같은 기관에 의해 각 사람의 '권리Droit=Recht' 범위가 확정되면, '사물'의 소유를 둘러싼 심각한 다툼은 원리적으로 해결되겠지만, 여기서 코제브가 논의하고 있는 것은 그 이전의 자연 상태적인 관계성이다. 그러한 상태에서 '사물'에 대한 '나'의 '권리'를 인정하도록 만드는 것은 타자가 그것이 '나의 것'이라고 하는 것을 인정하고 또한 당신의 것에 손대는 일은 하지 않겠다는 공손한 태도를 취하도록 하는 것이다. 물론 상대방이 자신보다 힘이 세다든지 싸움을 잘한다든지 따돌리고자 하는 의욕을 지니고 있다면, 언제 태도가 변할지 모른다. 힘 관계는 변하지 않더라도 불의의 습격을 당하여 '권리'를 박탈당할지도 모른다. 그렇게 되지 않도록 하기 위해서는 개개의 '사물'에 관해서뿐만 아니라 상대방을 전면적으로 지배 아래 두어 계속해서 예속시킬 수밖에 없다. 자신이 예속시키는 측으로 되면 좋지만, 예속당하는 측으로 되면 언제 자신의 목숨까지 빼앗길지 모른다. 그 때문에 사람들 사이에 '생사를 건 투쟁'이 전개되고, 그 결과로 '주인/노예' 관계가 성립한다.

이 관계는 물리적 힘의 균형이 토대로 되어 있는 까닭에, 양자의 의식이 '사물'로부터 완전히 자유롭게 되어 있다고는 말할 수 없지만, 코제브의 견해로는 양자 모두 '타자의 욕망'을 지배하기 위해 자기의 목숨을 걺으로써 생물학적 소여(= '사물' 차원)를 넘어서며, 자기의식 = 자유 = 정신의 영역에 들어서게 된다. 무리의 존속을 위해 자기를 희생하는 행동을 하는 생물은 있지만, 다른 개체에 대해 자기의 권리를 인정하게 하려고 목숨을 거는 동물은 없다. 비물질적인 것을 둘러싼 목숨을 건 '투쟁'에 의해 '인간'이 태어나고 '역사'가 시작된 것이다.

헤겔은 직접 생명에 관계되지 않는 목적에 도달하기 위해 자기의 생명을 위험에 노출할 수 없는 존재, 즉 인정을 위한 투쟁, 순수하게 위신을 추구하는 투쟁에 자기의 생명을 걸 수 없는 존재는 참으로 인간적인 존재가 아니라고 말한다. / 따라서 역사적인 동시에 자기 자신을 의식하는 인간적인 실존은 피의 투쟁, 위신을 둘러싼 전쟁이 있는 곳 또는─ 적어도─ 있었던 곳이 아니라면 불가능하다. 헤겔이 『정신현상학』을 마무리하고자 하고 있었을 때 듣게 된 포성도 역시 이 투쟁의 하나가 낸 소리였던 것이며, 그 속에서 그는 '나란 무엇인가'라는 물음에 대답하기 위해 자기를 의식한 것이다.

'역사의 종언' 테제는 '주인/노예' 변증법의 귀결

이러한 코제브의 독해가 올바른 것이라면, 헤겔에게 나폴레옹이 위대했던 것은 그가 프랑스 혁명 이념의 체현자였을 뿐만 아니라 투쟁의 최종 승리자이기도 했다고, 적어도 예나 전투 시점에서는 그렇게 보였기 때문이라고 말할 수 있을 것이다. '투쟁'이 사람들에게 생물학적인 삶의 맞은편, 자기의식 = 자유 = 정신의 영역이 있다는 것을 가르친 것이다.

'투쟁'에서 이긴 '주인'은 '노예'를 종속시켜 자기를 위해 '노동'하게 함으로써 '자연을 예속시키고, 그리하여 자기의 자유를 자연 속에 실현한다.' '노예' 쪽은 자연에 예속된 상태에 머무르게 된다. 다만 '노예'의 '노동'은 '비물질적인 관념에 기초하여 자연을 변용시켜' '인간적 욕망에 적합한 세계', 요컨대 '비자연적이고 기술적이며 인간화된 세계를 창조하는' 역할을 짊어지고 있다. 그렇게 하여 형성 = 교양화gebildet된 '세계' 속에서야말로 '주인'으로 대표되는 인간적 욕망과 자율성이 길러진다. 그런 의미에서 '노예'도 '인간의 역사'의 존립에 불가결하다.

코제브 = 헤겔에 따르면 '인간은 언제나 주인이든가 노예이든가 어느 쪽이며, 주인과 노예가 존재하는 곳에서만 참된 인간은 있다'는 것이다.

권리와 위신Prestige의 인정을 둘러싼 '주인'과 '노예'의 대립, 어느 쪽이 '주인＝승자'이고 '노예＝패자'인가라는 긴장 관계로부터 (동물적 욕망에 머무르지 않고) 자유로운 주체이고자 하는 욕망이 태어나고 '역사'가 전진하는 것이다. 역으로 말하면, '주인'과 '노예'의 관계가 없어질 때 '인간'은 소멸하고 '역사'는 '끝난다.' 코제브＝후쿠야마의 '역사의 종언' 테제는 '주인/노예' 변증법의 귀결이다.

　이러한 의미에서 '주인/노예' 관계는 단순한 이념이 아니라 역사의 현실적인 신분과 계급에 대응한다. 그리고 지배 계급과 노동의 담지자인 피지배 계급 사이의 대립 관계로부터 역사의 발전을 이야기하는 맑스주의의 계급투쟁 사관에도 대응한다.

'주인/노예'의 '계급투쟁'

'주인'보다 자기의 일을 더 잘 알고 있다

앞에서 말했듯이 노예의 노동 봉사에 뒷받침되는 '자유로운 주체 = 주인'이라는 것은 아무래도 불안정하다. 그 불안정함 때문에 '주인/노예' 사이에는 언제나 긴장 관계가 있고 상하 관계를 뒤엎고자 하는 투쟁이 생겨난다. 코제브는 '주인/노예' 관계에 내포된 모순을 상당히 명쾌하게 그려내고 있다. '주인' 측에서 살펴보자.

'주인'은 '주인'인 덕분에 물질적인 것에 괴로움을 당하지 않고 자유롭게 살아갈 수 있다. 주인은 그러한 자기의 현 상황에 만족하고 있는 것이 아닌지 생각된다. 그러나 실제로는 그렇지 않다. '주인'이 '생사를 건 투쟁'에 나선 것은 물질적인 쾌락에 젖어 살아가기 위해서가 아니라 타자에 의해 '인정'받기 위해서다. 투쟁의 결과로 '노예'에 의해 '주인'으로서 인정받게 되었지만, 그것으로는 '주인'의 본래의 목적이 달성된 것이 아니다. 그가 추구한 것은 그와 마찬가지로 '인간'인 '타자'에 의해 인정받는 것이기 때문이다. 사물의 세계에 구속되어 자유의지를 지니는 것을 허락받지 못한 '노예'는 '인간'이라고 말할 수 없다. 그는 또 한 사람의

‘주인’에게 인정되지 않으면 참으로 ‘인정’받은 것이 아니다.

그러나 코제브에 따르면 이것은 ‘주인’의 정의상 불가능하다. ‘주인’은 ‘노예’의 입장에서 타자의 스스로에 대한 우위를 인정하는 정도라면, 죽음을 선택하는 존재이기 때문이다. 역사상 실재한 노예 소유자나 전제 군주의 실정과는 별개로, 어떠한 타자보다도 언제나 우위에 있다는 것을 자임하고 결코 저자세를 취하지 않는 것이 ‘주인’이며, ‘주인’에게 자신 이외의 사람은 ‘노예’이거나 ‘노예’로서만 다루어지는 존재다. 그렇다면 ‘주인’은 결코 본래의 의미에서 ‘주인’으로서의 ‘인정’을 받는 것이 아니며, 있는 대로의 자기에게 만족할 수 없다.

그에 반해 ‘노예’ 측은 죽음에 대한 두려움 때문에 ‘노예’로서의 지위를 받아들이고 만 것이지만, 그 공포의 경험 때문에 물질적인 신체를 지니는 자신이 언젠가 ‘무’로 돌아가게 되는 덧없는 존재라는 점을 알고 있다. 그런 의미에서 ‘주인’보다 자기의 일을 더 잘 알고 있다고 말할 수 있다. 또한 ‘주인’에 대한 봉사로서의 ‘노동’을 통해 자신의 본능instincts을 억제할 수 있게 된다.

활동함으로써 노예는 주어진 것과 자연la Nature과 자기 자신의 본성 Nature을 부정하고 변용시키지만, 그것도 관념에 기초하여, 즉 말의 생물학 적인 의미에서는 존재하지 않는 것에 기초하여, 주인이라는 관념에 기초하여, 즉 본질적으로 사회적, 인간적, 역사적인 개념에 기초하여 노동한다. 그런데 비자연적인 관념에 기초하여 자연적으로 주어진 것을 변용시키는 것, 이것은 어떤 기술을 소유하고 있다는 것이다. 그리고 기술을 산출하는 관념은 과학적인 관념 내지는 개념이다. 결국 그는 과학적인 개념을 소유하는 것 — 이것은 추상 개념의 능력인 지성Verstand 이다 — 을 부여받고 있다. / 따라서 지성과 추상적 사유와 학문, 기예, 이것들 모두는 노예의 강제 노동에 그 기원을 지니는 것이게 된다. 따라서 이것들에 관계하는 것 모두를 실현하는 것은 주인이 아니라 노예다.

'주인'에 대한 요구

'주인이라는 관념l'idée d'un Maître'이란 타자인 '주인'을 만족시킨다든지 '주인'의 행복을 증진하고 '주인'이 계속해서 '주인'일 것을 가능하게 하는 것과 같은 형태로 설정되는 활동의 목적, 가상의 목표라고 생각하면 좋을 것이다. 그것은 '노예' 자신의 신체적 욕망을 채우기 위한 것이 아니라 자유로운 주체 = 인간인(이어야 할) '주인'이 보여주는 비물질적인 성질을 말한다. 그러한 '주인'으로부터 나오는 가상적인 관념에 이끌려 '노동'하고 '자연'을 개조하는 가운데, '노예'들은 '지성'에 의해 추상적 개념을 조작하는 능력 — 자연계의 사물들을 분류하고 그러한 사물들 사이에서 작용하고 있는 법칙들을 확인하는 능력 — 을 몸에 익히고, 과학 ·기술을 발달시켜 왔다. 칸트에게 지성은 선험적 능력이지만, 코제브 = 헤겔에게 그것은 '노동'의 축적을 통해 역사적으로 획득, 형성되는 능력이다. 이 장의 조금 앞부분에서 '주인/노예' 관계에 대한 해석 가능성으로서 '주인' 측에 정신적 노동에 전념할 수 있는 여지가 생긴다는 것을 시사했지만, 코제브처럼 정신적 노동도 '노동'인 이상 그것도 '노예'의 일이며, 철학자와 과학자도 '주인이라는 관념'에 봉사하는 '노예'의 입장에 놓여 있다고 규정하면, '노예'의 자기 형성Bildung과 지성의 발달에 따라 '역사'가 진전해 가는 것이게 된다.

코제브는 더 나아가 '노동'이 '노예'의 '해방libération'에의 길을 연다고 주장한다. 노동을 통해 자기를 에워싼 주어진 것(자연)의 조건에 그대로 따르는 것이 아니라 비자연적인 관념에 따라 그 조건들을 개편하는 가운데 '노예'도 자기의 '자유Freiheit'와 '자립성Selbstständigkeit'을 의식하고, 노동으로부터 태어난 추상적 사유의 능력을 구사하여 '자유'에 대한 추상적 관념을 발전시켜 간다. '노예'는 인정을 둘러싼 투쟁에서 자신의 목숨을 걸 수 없었던 까닭에 '노예'가 되었기 때문에, 처음에는 자유의 사상에 의해 자신을 내면적으로 해방할 뿐인 데 머문다. 그러나 지혜를 축적한 '노예'가 목숨을 거는 용기를 지닐 때, 그들은 자신들도 '인간'이라는 것을 인정할 것을 '주인'에게 요구하게 된다. 그리하여 '투쟁'이 일어난다.

인정을 둘러싼 투쟁사의 종언

'주인'이 자기의 지위를 유지하기 위해 '노예'에게 강제한 '노동'이 후자에게 '자유'의 사상을 기르게 하고 '주인'의 절대적 우위를 위협하는 '투쟁'을 불러일으키는 것이기 때문에 대단히 아이러니하다. 그리고 그 '투쟁'이 인류를 더욱더 발전시키게 되는 것이기 때문에 변증법적이다. 여기서 헤겔 철학에서의 '변증법'이란 어떠한 것인지 다시 확인해 두자. 변증법은 어떤 상태 A를 정립하는 것(테제These = 정)에 의해 그 반동으로서 A를 부정하는 사태 B(안티테제Antithese = 반)가 생기고, A와 B 사이에서의 갈등·투쟁을 통해 좀 더 고차적인 단계에 있는 새로운 사태(진테제Synthese = 합)가 산출되는 형태로 진행되어 가는 사물의 발전 논리다 — 헤겔 자신은 '정 → 반 → 합'이라는 알기 쉬운 표현은 사용하지 않았고, 전문적인 헤겔 연구자들 사이에서는 이 표현을 사용하는 것의 부적절함을 지적하는 의견이 강력하지만, 헤겔이 3단계의 발전 도식을 채용하고 있었던 것은 확실하므로 본서에서는 편의적으로 이 이해하기 쉬운 표현을 사용하기로 한다. 이 경우에는 어떤 한 시점에서의 인정을 둘러싼 투쟁의 패자를 '노예'로 삼아 노동시키는 것(정)이 '노예'의 자유롭게 사유하는 능력과 의지를 산출하고(반) 사회 전체의 교양Bildung 정도를 높여 종래의 '주인/노예' 관계를 근본적으로 개편하게 된다(합)는 것이다.

코제브의 해석에서 '주인'의 '인간'적 활동은 인정을 위해 자기의 생명을 건 것에 한정된다. 그에 반해 '노예'에 의한 '노동'은 자기 자신과 자연적 세계를 '형성 = 교화bilden'한다. 역사를 발전시키는 것은 '노예'인 것이다. '주인'이 없다면 '노예'가 '노동'으로 향하지 않았을 것은 확실하지만, '주인'은 그 이상의 적극적인 활동은 하지 않는다. '노동'과 그에 수반하여 진행되는 '인정을 둘러싼 투쟁'을 중심으로 전개되고 '노예'의 최종적인 '해방'을 향해 변증법적으로 나아가는 코제브 = 헤겔의 '역사'관은 맑스주의의 계급투쟁 사관과 상당히 유사하다. 다만 그것은 헤겔을 맑스의 도식 안으로 받아들이기 위해서가 아니라 그 역이다. 맑스주의에서는 역사의 발전을 불러일으키는 원동력은 생산양식(생산력 + 생산관계)이지만, 코제브 = 헤겔은 '노예(늑 피지배 계급)'의 자기의식이 생산양식도 포함한 역사적 세계의 변용을 불러일으킨다고 생각한다. 그리고 유물론적 역사관의 계급 투쟁사가 장래의 '국가'의 폐기로써 '끝나는' 데 반해, 코제브 = 헤겔의 인정을 둘러싼 투쟁사는 나폴레옹의 승리와 그의 '제국l'Empire'의 실현으로써 기본적으로 끝났으며, 앞에서 보았듯이 동구나 중국의 사회주의는 미국을 중심으로 하는 서구에서 이미 시작되고 있는 '재동물화' 과정을 뒤따르고 있을 뿐이다.

국가에서 '공민'으로서 '인정'

코제브 = 헤겔에 따르면, 스토아학파의 사상이야말로 고대 세계에서 '노예'의 자유 의식이 최초로 싹튼 것이라고 지적한다. 고등학교 윤리에서 배우듯이 스토아학파는 기원전 4세기 말경에 키프로스 섬 출신의 철학자 제논(BC 335경~BC 263경)에 의해 제창되어 헬레니즘 세계에 보급된 철학이다. 윤리 면에서는 이성에 의한 자제에 의해 질투나 분노 등의 격렬한 감정에서 벗어나 '영혼의 평안'을 얻을 것을 이야기한다. '투쟁'과 는 인연이 없는 것으로 보이지만, 코제브 = 헤겔은 스토아학파가 그 사람이 현실에서 황제이든 노예이든, 부자이든 빈자이든 관계없이 자신이 자유라고 알고 있다면 자유라고 주장했다는 점에 주목한다. 이에 의해 노예들은 '예속servitude'이라는 사실과 자유라는 이상을 화해시킬 수 있다. 물론 이것은 겉보기의 화해이며, 사실과 이상 간의 모순은 남아 있다. 이 모순을 이론적으로 해소하기 위해 자기 자신 이외의 존재 실재성을 부정하는 유아론과 회의주의, 허무주의 등의 태도가 생겨났다.

그리스도교는 피안에 있는 절대적 '주인'인 신 앞에서는 모든 사람이 평등하다는 이데올로기에 의해 '노예'들에게 현실 세계에서의 '주인'들과 투쟁할 필요는 없다고 생각하게 해왔다. 프랑스 혁명은 '노예'들을 피안과 절대적 '주인'으로부터 해방하는 시도였다. 그 귀결로서 이루어진 나폴레옹의 제국(절대적 국가)은 그리스도교가 피안에 설정하고 있던 국가를 실현하는 것이었다.

이 국가에서 각 사람은 '공민Citoyen'으로서 보편적으로 '인정'받는바, 요컨대 국가에 속하는 다른 모든 공민에 의해 '인정'받는다. 그 매개로 되는 것이 '법'이다. 국가의 '법'에 의해 권리 주체(인격)로서 '인정'받는 것은 마찬가지로 법을 받아들여 따르고 있는 다른 '공민'으로부터 '인정'받는 것과 동등하다. 나폴레옹에 의한 민법전 등의 각종 법전의 제정은 보편적 상호 인정의 매개로서의 '법'의 대강과 세목을 구축하는 것을 의미한다. 민법에서 재산권을 보장함으로써 물질적 생활의 기반을 둘러싼 투쟁의 필요는 없어진다.

조금 주의할 필요가 있는 것은 시민 사회 속에서 재산권을 중심으로 하는 권리를 서로 인정하고 있을 뿐인 '시민(부르주아)Bourgeois'과 국가의 법에 의해 자기의 존재에 대한 보편적인 인정을 획득한 '공민'과의 사이의 다름이다. 시민 사회 속에는 명확한 '주인/노예' 관계는 없지만, 시민 사회 자체는 보편적으로 타당한 법질서를 갖추고 있지 않으며, 각각의 시민은 고립되어 자기의 재산밖에 의지할 것이 없다. '인정'을 둘러싼 투쟁의 원인이 제거된 것은 아니다. 나폴레옹의 제국처럼 모든 사람을 강제적으로 포섭하는 절대적 국가의 출현에 의해 비로소 인정을 둘러싼 투쟁의 역사를 끝낼 수 있는 것이다.

'인정'과 '죽음'

'정신'과 '교양의 세계'의 이중화

프랑스 현대 사상에서의 헤겔 수용에서 코제브에 이어 커다란 영향을 준 것이 『정신현상학』을 최초로 프랑스어로 번역한(1939년) 장 이폴리트다. 그리고 그는 1946년에 이 책을 상세히 해설한 『정신현상학의 생성과 구조』를 출간했다. 이폴리트의 제자로는 들뢰즈, 푸코, 데리다, 에티엔 발리바르(1942~) 등이 있다. 푸코는 결코 완전함에 이르는 일 없이 자기 안에 커다란 위험을 끌어안은 한계의 철학으로서 헤겔 텍스트를 공들여 독해한 이폴리트로부터 결정적인 영향을 받았다고 술회하고 있다.

이폴리트는 인정을 둘러싼 투쟁을 축으로 개인의 자기의식 형성과 공동체적인 질서 형성이 상호 영향을 주고받으면서 진전해 간다(= '교양')고 하는 코제브의 '역사'관을 대체로 계승했지만, 코제브가 역사를 발전시켜 가는 인간의 활동, 특히 나폴레옹과 같은 영웅의 활동을 너무나 적극적으로 그려내고 있는 것에 대해서는 비판적이며, 인간 영위의 공허함과 자기모순을 강조하고 있다. 코제브는 '노동'에 의해 '정신'의 본질이 외화하고 교양화한 세계가 이루어져 가는 것을 중시하지만, 이폴리트는 '노동'이 주체의 안과 밖에 미치는 효과를 그다지 중시하지 않는다.

이폴리트의 말을 빌리면, '정신'이 자기를 외화하는 형태로 만들어 낸 '교양의 세계le monde de la culture'는 점차 '정신' 자신에게 소원한étranger 것이 되며, 이윽고 대립하기에 이른다. '교양의 세계'의 실재하는 제도들 ─ 국가 권력, 법, 도덕, 명예, 부 등─ 은 '정신'의 본질을 남김없이 현실화한 것은 아니다. 그러나 한 번 성립하면 처음에 예상되지 않았던 방식으로 사람들을 구속하고 '정신'의 자유로운 활동을 저해하게 된다. 또는 실재하는 제도들에 단지 타성적으로만 따르는 가운데 당사자들의 의식이 타락하는 경우도 있다. 군주와 국가를 위해 헌신했던 귀족이 출세와 금전욕에 사로잡힌 신하로 영락하는 일이 있는 것이다.

'정신' 그 자체와 실재하는 '교양의 세계' 사이에 대립이 있고 그것이 역사의 변증법적인 발전으로 이어진다는 것은 지극히 표준적인 헤겔 이해이지만, 이폴리트는 역사가 하나의 '종언'을 향해 결정된 도정을 걸어간다는 견해는 신중히 회피한다. 오히려 '정신'이 자기의 의지를 ─ 어떠한 제도적인 매개에 의하지 않고서 ─ 직접적으로 실현하는 '절대적 자유liberté absolue'를 추구하는 이상, '정신'이 분열 상태에 빠져 '정신' 그 자체와 '교양의 세계'로 이중화하는 사태는 절대로 해소되지 않는다는 것을 시사한다.

'절대적 자유'의 위태로움

『정신현상학』의 「정신」이라는 장에서 헤겔은 기성의 제도와 가치관을 파괴하고 '유용성Nützlichkeit = utiité'이라는 관점에서 새로운 질서를 구축하고자 하는 '계몽(사상)'이 자기의식의 허무함을 드러냈다는 것을 지적한 후에, 놀랍게도 프랑스 혁명 후의 공포 정치를 염두에 두는 가운데 계몽사상에 의해 고무된 '절대적 자유'의 위태로움을 시사하고 있다. 이에 대해 이폴리트는 아래와 같이 요약하고 있다.

따라서 절대적 자유는 긍정적인 일(사회적 구성과 조직)도 긍정적인
행동(정부의 결정과 활동)도 산출할 수 없다. '절대적 자유에는 **부정적**
행동밖에 남아 있지 않다. 절대적 자유는 단지 파괴의 광란일 뿐이다.'
이것이야말로 바로 공포la Terreur의 변증법의 의의다. …… '따라서 보편적
자유가 이룰 수 있는 유일한 일과 행동은 **죽음**이다. 좀 더 정확히 말하면,
어떠한 내면적인 확대도 지니지 못하고 어떠한 내실도 없는 죽음이다.
왜냐하면 부정되는 것은 절대적으로 자유로운 자기Soi라는 어떠한 내실
도 없는 점과 같은 존재이기 때문이다.'

'절대적으로 자유로운 자기'에게 어떠한 내실도 없다는 것은 그 정의에
서 보아 '절대적으로 자유로운 자기'에게는 어떠한 고정된 속성이나 경향
도 없고, 설령 모종의 형태로 자기를 외화=대상화했다고 하더라도 그것에
구속되는 일 없이 언제라도 부정하여 '자기'를 전혀 다른 것으로 변용시킬
수 있으리라는 것이다. 그러한 구체적 내실을 지니지 않는 '자기'에 대응하
는 것이 공포 정치Terreur를 실행한 혁명 정부다.

'순수한 일반의지 = 절대적 자유'의 위험

루소의 이론에 강하게 영향을 받아 프랑스 인민의 '일반의지'에 기초하
는 통치를 실행하고자 한 정부는 '일반의지'에 반한 행동을 취하고 혁명
이전의 상태로 돌아가고자 하는 불순·반동분자를 배제하여 순수한 통치
체제를 만들어 낼 것을 지향했다. 루소의 이론에 따르면, 순수하게 '일반의
지'에 기초하는 통치가 행해지는 것은 '인민'이 스스로 다스리고 자유롭게
되는 것을 의미했다 — 루소의 '일반의지'론과 그것이 프랑스 혁명의

지도자에게 어떻게 받아들여졌는지에 대해서는 앞에서 언급한 『바로 지금 루소를 다시 읽다』와 『바로 지금 아렌트를 다시 읽다』(고단샤 현대신서)를 참조할 수 있을 것이다. 그러한 목적을 위해 헌법과 법률을 만들고 치안 대책을 내세웠지만, 프랑스의 현 상황과 동떨어진 너무나 급진적인 정책을 실행한 까닭에 다양한 갈등을 불러일으키고 체제를 불안정하게 만들었다. 그리하여 그와 같은 혼란이 생겨나는 것은 현 정권 자체가 순수한 '일반의지'를 대표하고 있지 않기 때문이라고 주장하는 새로운 집단이 대두하여 현 정권을 무너뜨리고 '일반의지를 참으로 대표하는' 새로운 체제를 창출하고 새로운 급진적인 정책을 실행한다. 그리고 다시 다양한 갈등이 불러일으켜지고……. 이러한 공포 정치가 불러일으킨 악순환은 인민을 오랜 체제·사고방식에 붙들어 두고 있는 것을 파괴함으로써 문자 그대로 아무것에도 사로잡히지 않는 '순수한 일반의지 = 절대적 자유'를 드러나게 하고자 하는 이데올로기의 위험을 보여준다고 할 수 있다.

'절대적 자유'에 대한 강한 지향이 시민의 자유를 위해 구축된 제도들을 파괴하게 된다는 역설을 관찰한 (이폴리트의) 헤겔은 국가와 법에 지나치게 큰 기대를 걸지 않고, 사람들의 내면에 구축되는 '도덕적 세계관'에 관심을 기울인다. 확실히 『정신현상학』 기술의 순서로서 '절대적 자유와 죽음의 공포'에 대해 논의한 후에 주제가 '도덕'과 '종교'로 이행하고 있는바, 헤겔이 내면으로 전환했다고 하는 독해 방식은 솔직한 것이라 할 수 있다. 다만 그렇게 되면 칸트와 피히테, 셸링 등, 다른 독일 관념론 이론가들과의 결정적인 차이는 보기 어려워진다. 코제브와 달리 이폴리트는 반드시 이해하기 쉬운 '헤겔'상을 추구하고 있지 않으며, 오히려 헤겔의 논의가 다면적으로 해석 가능하다는 것을 시사하고 있다.

종교의 본질을 철학적 앎에 의해 파악

이폴리트는 '역사'라는 관점을 지니고 있다는 점에서 헤겔은 칸트와 다르며, 칸트적인 이원론('자연계'와 '도덕적 세계')의 극복을 지향하고 있다는 것을 강조한다. 그런 한편으로 역사 속에서의 도덕적 자기의식의 형성을 둘러싼 헤겔의 논의를, 스스로가 놓인 역사적 상황(의 우연성)을 자발적으로 파악함으로써 자기가 수행해야 할 의무를 주체적 결단을 통해 선택해야만 한다는 것을 이야기하는, 키르케고르(1813~55)로부터 칼 야스퍼스(1883~1969)로 통하는 실존주의적인 논의와 대비하고, 후자와의 유사성을 보여주는 해석을 시도하고 있다 — 키르케고르는 통상적으로 모든 사물을 '이것도 저것도'와 하나의 논리로 통합해 가는 헤겔적 변증법에 대항하여 각각의 주체에 대해 '이것인가 저것인가'의 결단을 압박하는 역설 변증법을 제창한 인물로서 알려진다.

'종교'와 관련해서는 인간의 모든 활동의 근저에 놓여 있는 종교적 감정의 존재를 주장한 동시대의 철학자·신학자인 슐라이어마허(1768~1834)나 비합리적인 무의식의 근저에서 작용하는 신적인 존재에 눈을 돌리는 마이스터 에크하르트(1260경~1328경)와 야콥 뵈메(1575~1624) 등, 독일 신비주의로부터의 영향을 지적하는 한편, '신'을 인간의 유적 본질('사랑')의 소외된 나타남이라고 주장한 헤겔 좌파의 포이어바흐(1804~72)로 통하는 면도 있다는 점도 지적한다. '정신'의 발전에서 '종교', 특히 절대정신의 본질과 역사의 방향성을 가리켜 보이는 계시 종교가 중요한 역할을 담당하고 있다는 것을 전제로 하면서, 종교의 본질을 (감정이나 신앙이 아니라) 철학적 앎에 의해 파악하고자 하는 헤겔의 자세는 신비주의와 휴머니즘의 양극에 열려 있다. 이폴리트는 그렇게 보고 있다. 헤겔의 '역사'는 세계 전체를 포괄하는 '세계정신'(보편)과 개개 인간의 자기의식(개별) 사이의 왕복 운동·상승 작용의 형태로 진행되고 그 왕복 속에서 '종교'가 중요한 위치를 차지하고 있는 까닭에 그의 종교관이

양의적으로 되는 것은 당연하다고도 할 수 있다.

이폴리트의 헤겔 독해는 기본적으로 헤겔이 역사와 철학의 관계에 대해 여러 중요한 문제를 제기했지만, 반드시 그것들에 대해 이해하기 쉬운 대답을 제시한 것은 아니라는 점을 확인하는 성격이 강한 것으로 보인다. 그러나 그의 헤겔 해석에는 하나의 상당히 특이한 얽매임이 놓여 있다는 지적도 있다. 헤겔 연구로부터 출발한 젠더 이론가 주디스 버틀러 — 버틀러 자신의 헤겔 해석에 대해서는 조금 후에 언급한다— 는 이폴리트의 해석에서 '죽음'이라는 모티브를 지적한다. 앞에서 인용한 구절에서도 보이듯이 이폴리트는 헤겔에게서 '자유'와 '죽음'이 표리일체의 관계에 있다는 것을 암시하고 있다.

'인간'의 '종언'을 둘러싼 중요한 주제

코제브도 역사 발전의 불가결한 계기로서의 '죽음'에 대해 언급하지만, 그것은 앞에서 보았듯이 '생사를 건 투쟁'에 대한 경계선으로서의 '죽음'이다. 이폴리트에게서의 '죽음'은 그것만으로 그치지 않는다. '인간'인 각각의 '주체'가 좀 더 '자유'로운 상태를 추구하는 것은 다양한 입장과 가치관에 사로잡혀 있는 현재의 자신을 부정하고(= '죽음'), 새로운 삶의 무대로 이행하는 것을 의미함과 더불어, 구체적인 내용을 제거당한 '자기' 자신이 최종적으로 '무'로 돌아간다는 의미에서 문자 그대로의 '죽음'으로 향해 나아가는 것을 함의한다. 현실 세계의 어떠한 것에도 사로잡히지 않는다는 의미의 '절대적 자유'는 다양한 욕망과 고통을 산출하는 육체의 생명을 상실하지 않는 한에서 불가능하다.

버틀러는 그러한 이폴리트의 '죽음'에 대한 얽매임을 『쾌락 원칙의 저편』(1920)에서 보이는 프로이트(1856~1939)의 '죽음충동Todestrieb'론의 영향이 있는 것이 아닌지 지적하고 있다. 헤겔 연구자인 이폴리트가 정신분석가인 프로이트를 참조하고 있다는 것은 조금 엉뚱한 감이 있지만, 이폴리트는 1954년에 라캉의 세미나에 초청받아 프로이트의 논문 「부정」(1925)에 대해 언급하고 있다.

『쾌락 원칙의 저편』에서의 '죽음충동'론을 아주 간단히 이야기하자면, 물질적 세계에서 살아가는 것은 적잖은 긴장과 그것에 따른 불쾌를 수반하기 때문에, 생명체는 긴장이 없는 상태, 요컨대 자신이 태어나기 전의 상태로 돌아가고자 한다는 것이다. 그것은 '죽음'을 지향한다는 것이다. '죽음충동'은 통상적으로는 자기 보존 충동에 따르는 자아에 의해 억제되고 있지만, 무언가의 계기에 표면화하는 경우가 있다. 죽음에 직면하는 위험에 부딪힌 후, 그 상태가 몇 차례 기억에 되살아나는 것은 '죽음충동'이 발동하기 때문이라고 설명된다.

이폴리트가 실제로 '죽음충동'론을 염두에 두었는지 아닌지는 명확하지 않지만, '자유'의 극한이 '죽음'이라는 견해는 '쾌락＝긴장의 해방'의 극한이 '죽음'이라는 후기 프로이트의 사상과 통한다는 것은 확실하다. 그리고 이것은 '주체' 또는 '인간'의 '종언'을 둘러싼 현대 사상의 중요 주제와 깊이 관련된다.

'주체성' = '종속성'

'인간으로서의 삶'을 버리다

　제1장에서 보았듯이 코제브는 헤겔 해석의 귀결로서 '역사'가 '종언finir'
하는 것에 의해 '인간'도 그 '목적fin'을 성취하고 사명을 끝냄으로써 얼마
안 있어 소멸하는 것이 아닌가 하는 언뜻 보아 낙관적인 것으로 보여서
충격적인 비전을 제시했다. '인간'은 보편적인 발전을 계속하는 것이
아니라 '역사'라는 한정된 틀 속에서만 존재할 수 있을지도 모른다는
것을 강하게 시사한 것이다. '자유'와 '죽음'의 표리일체성을 강조하는
이폴리트의 비관적이고 상대주의적인 해석은 '자유의 승리'라는 형태로
'역사의 종언'을 예견하는 코제브의 그것과는 언뜻 보아 정반대인 듯하지
만, '자유'를 획득하는 것이 '인간의 죽음'으로 이어진다는 역설적인 결론
을 양자는 공유하고 있다고 말할 수 있다. 어느 시점에서 어떠한 형태로
— 경착륙할 것인가 연착륙할 것인가 — '죽을' 것인가가 다를 뿐이라는
견해를 취할 수 있는 것이다. '자유'를 추구하여 '생사를 건 투쟁'에 나섬으
로써 '인간'으로서의 자각을 지니고 '역사'적인 시간의 흐름 속에서 살아가
게 된 동물은 '궁극적 자유'를 얻기 위해서는, 또는 그것을 얻었을 때는

'인간으로서의 삶'을 버려야만 한다.

그들의 영향을 받은 프랑스의 현대 사상은 그것을 좀 더 근본적으로 염세주의적인 방향으로 전개해 간다. 보편적 '인간성' 또는 '주체성'은 본래 환상이나 허구였지만, 그것이 서구적인 앎이 지배적인 영향력을 발휘하고 있을 때(= 근대) 보편적인 것처럼 생각되고 있었던 데 지나지 않는다. 서구 근대의 한계가 드러남과 동시에 서구에서 산출된 '인간성'과 '주체성'의 한계도 드러난다는 사고방식이다. 구체적으로는 '주체로서의 인간'이 자신들에게서 생각되고 있는 만큼 자율적인 것도 합리적인 것도 아니고, 타자들과 보편적 도덕과 법을 공유하고자 하는 것도 아니라는 것을 분명히 하는 것, 그리고 그러한 부정적 측면을 은폐하고 있는 힘을 해명하는 것이 중시되었다.

앞에서 본 리오타르의 '역사 = 이야기'론은 그러한 방향성을 가장 첨예화한 것이다. 1960년대에 대두하여 프랑스계 현대 사상의 주류가 된 구조주의는 서구 근대에서 발견된 '주체–인간'상은 보편적인 것이자 그 유효성이 '역사' 속에서 점차 분명해져 간다고 하는 (통상적인 의미에서의) 헤겔 = 맑스주의적인 '역사–인간'관에 싸움을 걸었다. 문화 인류학자인 레비–스트로스(1908~2009)는 '(자유로운) 주체'들이 ― 당사자의 자각 유무와 관계없이 ― 따르고 있는 무의식적인 구조의 존재를 해명한 다음, 서구 근대의 사고(를 규정하고 있는) 구조가 이른바 미개인의 사고 = 야생의 사고(를 규정하고 있는 구조)보다 우위에 있는 것은 아니라고 주장하고, 헤겔 = 맑스주의적인 '역사–인간'관의 옹호자 역할을 담당하는 사르트르와의 사이에서 논쟁을 벌이게 되었다 ― 이에 대해서는 졸저 『현대 사상의 명저 30』(치쿠마 신서) 등을 참조.

푸코가 알린 '인간의 종언'

구조주의/포스트 구조주의 계열의 이론가들 가운데 '인간'과 '주체'의 종언이라는 문제와 가장 이해하기 쉬운 형태로 씨름한 것은 푸코일 것이다. 푸코는 '주체'를 제도적으로 뒷받침하고 있는 인간 과학, 임상 의학, 정신 의료, 형사 정책, 법, 교육, 성생활 등을 계보학적으로 분석하고, '주체'가, 그리고 그 기초에 놓여 있는 '인간'이라는 개념이 역사적으로 구축되어 온 것이라는 점을 분야 횡단적인 대량의 사료에 대한 독해를 통해 실증해 간 것으로 알려져 있다. 그러한 연구 스타일은 선험적 원리에 따라서 '역사'의 '종언'을 예견하고, 그로부터 역산하듯이 '인간'의 '역사'를 재구 축하는 헤겔 철학에 대항하고 그 영향에서 벗어나고자 하는 — 어떤 의미 에서 이폴리트로부터 계승한 — 기본자세의 나타남이라고 볼 수 있다.

주저 『말과 사물』(1966)에서는 서구적인 앎의 담론을 뒷받침하고 있는 '인간homme'이라는 통일적인 개념이 경제학, 생물학, 문헌학을 핵심으로 하고, 심리학, 사회학, 문학, 신화 분석 등으로 이루어진 근대의 인문 과학들의 에피스테메(앎의 지평) 속에서 구성된 것이라는 점을 밝히고 있다. 자연 속에 '주체'로서의 자기 위치를 확립하고 자기 자신을 중심으로 하는 질서를 구축하면서 계속해서 자기 생성해 가는 사람의 '역사l'Histoire'를 파악하는 데서 '인간'이라는 개념은 유효했다. 그러나 정신분석과 문화인 류학에 의해 사람을 지배하는 무의식의 욕망이 드러나게 됨으로써 '인간' 을 중심으로 한 근대의 에피스테메는 흔들리고 있다고 한다. 푸코는 '인간 의 종언la fin de l'homme'이 다가오고 있다는 것을 알린다. '인간'이라는 개념이 필요했던 근대의 에피스테메가 형성된 것은 18세기 말이라고 한다. '역사' 속을 걸어가는 주체로서의 '인간'상을 실재적인 것으로 보이게 하고 있었 던 이 에피스테메는 헤겔적인 에피스테메라고 말할 수 있다.

1970년대에 들어서서부터 푸코는 '앎'과 '권력'의 상관관계에 관한 연구에 힘을 기울이게 되었다. 그것은 인간 본성에 관한 과학적인 탐구가 인간을 좀 더 효율적으로 지배하는 기술을 산출하고, 그것이 '권력' 자체의 성질을 변용시켜 가는 변증법적인 상호 작용에 대한 탐구다. 푸코에게 '권력'은 소수의 지배자로부터 인구의 압도적 다수를 차지하는 피지배자에 대해 일방적으로 행사되는 것이 아니다. 또한 군대와 경찰로 대표되는 거대한 폭력 장치에 의해서만 행사되는 것도 아니다. '권력'은 오히려 인간으로서의 성실한 생활 방식의 표준과 같은 것, '정상성 = 보통성normal-ité'을 만들어 내고, 사람들이 그것에 — 폭력적인 협박으로 강제되지 않는다는 의미에서 — '자발적'으로 따르도록 작용한다. 예를 들어 제정신을 잃고 있지 않은 것, 건전한 정신을 지닌 사람의 행동 방식, 정상적인 성생활 방식, 정상적인 교육, 정상적인 직업 생활, 공공상소에서의 징싱직인 행동 등이다. 이러한 모델들을 만들어 내고 사회 속에서 일반적으로 유통되도록 하며 '규범norme'으로서의 지위를 부여하는 것에 성공하면, 사람들은 사회에 받아들여지도록, '정상성'에 맞춰지도록 자발적으로 자신을 규율하기 때문에 거대한 폭력 장치를 동원하는 비효율적인 방식은 점차 필요하지 않게 된다. 또한 '앎'과 '권력'의 연결도 밀접하게 되어간다. 그렇게 되면 전체를 통제하는 소수의 권력자와 통제되는 민중이라는 구도도 흔들린다. '정상성'을 산출하는 '권력'을 담당하는 것은 그 권력에 그 자신도 따르는 불특정한 다수의 사람이다. 또한 '권력'이 작용하는 틀을 만들어 낸 '권력자'들 자신도 '정상성'을 초월할 수 없으며 '정상성'의 속박을 받게 된다. '앎'과 깊이 융합한 '권력'은 '주인/노예'의 상하 관계를 해체하고 모든 사람을 '노예'로 만든다.

'규율 권력'에 의한 '신민'

푸코의 '권력'관이 가장 분명하게 나타나 있는 것은 '감옥'이라는 시스템이 확립되는 과정을 그린 『감옥의 탄생』(1975)이다. 그것은 죄수를 감옥에 넣어 — 건물의 구조와 간수의 배치와 같은 점들에서 — 효율적으로 감시함과 동시에, 다시 범죄로 치닫기 어렵게 정상적인 사회 습관을 몸에 읽히도록 신체적으로 규율하는 '규율 권력pouvoir disciplinaire'에 대해 상술하고 있다. 정신 의학과 심리학과 결부된 '규율 권력'은 죄수를 범죄의 종류와 형의 무게에 따라 자세히 분류하고, 하루 일정과 작업에서의 몸자세나 동작 등을 상세히 지시하며, 성과를 엄밀하게 평가한다. 이러한 규율 = 예의범절은 근대적인 군대와 학교에서의 교육 방식과 유사하다. 푸코는 감옥을 중심으로 발전된 '규율' 기술이 학교, 공장, 병원을 비롯하여 사람들의 행동을 일률적으로 통제할 필요가 있는 다양한 제도와 장면에서 응용되어 '순종적인 신체'를 만들어 내고 있다는 것을 지적한다.

푸코의 말을 빌리면, '규율 권력'이 침투한 근대 사회에서 '주체sujet'로 되는 것, 한 사람의 성인으로서 인정되는 것은 '규범'에 순응하는 '온순함'을 몸에 익히는 일이다. 푸코는 이 사태를 〈assujettissement, 신민(종속) = 주체화〉라는 말로 표현하고 있다. '주체'를 의미하는 프랑스어의 〈sujet〉, 영어의 〈subject〉, 독일어의 〈Subjekt〉 등은 본래 '아래(밑)에 놓여 있는 것'이라는 의미의 라틴어 〈subjectum〉에서 파생된 말로, 칸트에 의해 '영혼의 근저에 놓여 있는 것 = 주체'라는 의미로 사용되기까지는 오히려 주로 섬기는 자, 신민(노예)이라는 의미에서 사용되고 있었다. 영어에서 〈be subject to ~〉가 '~에 따르고 있다'라는 의미로 되는 것은 그 자취다. 〈assujettissement〉은 기본적으로 '종속화', '순종화'라는 의미이지만, 〈sujet, 주체〉화를 함의하고 있다고 볼 수 있다.

사람들이 화제로 삼고 있는 인간, 그리고 사람들이 그 해방을 촉구하고 있는 인간, 그 인간 그 자체가 이미 좀 더 깊은 곳에서 진행되고 있는 신민화 = 주체화의 산물인 것이다. 어떤 하나의 '영혼âme'이 이 인간 안에 자리 잡고 실재에까지 이르게끔 한다. 하지만 이 실재 그 자체가 권력이 신체에 행사하는 지배의 한 부분이다. 어떤 정치 해부학의 산물이자 도구인 영혼, 그리고 신체의 감옥인 영혼.

'영혼'을 갖춘 자유로운 주체로서의 '인간'이 감옥을 중심으로 진행되어

가는 '규율 권력'에 의한 '신민＝주체화'의 산물이라는 것은 아이러니한 사태다. 어떤 의미에서는 코제브＝헤겔의 '주인/노예' 변증법의 패러디다. '생사를 건 투쟁'의 승리에 의해 '인간'으로서의 '영혼'을 획득한 '주인'이지만, 그가 계속해서 '주인'이기 위해서는 그 지위가 '노예'에 의해 '인정'되어야만 한다. '노예'로부터 보아 '주인'답지 않으면 안 된다. '노예'로부터 '주인'으로서 '인정'받지 못하고 물질적 봉사를 받지 못하게 되면, 살아갈 수 없다. '노예'가 '노동'을 통해 계속해서 자기 형성하고 생활력을 높이기는 데 반해, '노예'에게 의지하는 '주인'은 점차 자율로부터 멀어져 간다. '주인'의 '노예'에 대한 의존도는 점점 더 높아진다. '주인'이 직면하는 이러한 역설적 상황은 '주체'적이고자 하면 할수록, 자신다움을 방기하고 '규범'에 대한 종속의 정도를 높여야만 하는, 푸코적인 '주체＝신민'이 놓여 있는 상황과 유사한 모습을 이루고 있는 것으로 보인다. 또는 '주인'에게 생살여탈권을 장악당함으로써 노동하는 '주체'로 강제적으로 내몰리는 '노예' 쪽이야말로 푸코적인 주체라고 볼 수도 있을 것이다. '주인'도 '노예'도 사회적인 관계성에 '종속'됨으로써만 '인간'으로서나 '주체'로서 살아갈 수 있는 것이다.

'불행한 의식'과 '양심'

푸코는 '권력'과 결부된 '주체＝신민'화 문제를 '주인/노예'의 변증법과 직접적으로 결부시켜 논의하지 않았지만, 푸코와 구조주의적 맑스주의자인 루이 알튀세르(1918~90) — 알튀세르에 대해서는 이마무라 히토시今村仁司(1942~2007)의『알튀세르 철학 전체』(고단샤 학술문고) 등을 참조 — 의 '권력–주체' 관계론을 페미니즘의 관점에서 비판적으로 계승한 버틀러는『권력의 정신적 삶』(1997)에서 양자를 이론적으로 관계 짓고 있다. 버틀러는『정신현상학』의 '주인/노예' 변증법에 대한 논의의 조금 뒷부분에서 스토아학파와 회의주의에 이어서 등장하는 의식 형태로서 자리매김해 있는 '불행한 의식das unglückliche Bewußtsein' 및 도덕적 세계관과 관련하여 화제가 되는 '양심das Gewissen'에 주목한다. 버틀러는 코제브처럼 '노예'가 '주인이라는 관념'에 이끌려 자기 형성＝주체화 과정을 개시한다는 것을 전제로 한 다음, 주체＝신민화한 '노예'의 내면을 지배하는 의식 형태로서 '불행한 의식'과 '양심'을 다시 파악하고 있다.

　'불행한 의식'의 '불행'이라는 것은 간단히 말하자면 현실과 이상, 차안과 피안 사이의 분열이라는 사태다. 앞에서 보았듯이 현실에서 노예(종)로서 예속 상태에 있는 '주체'들은 자신들이 자유롭고 평등한 '이상' 세계를 그리고서 '영혼의 평안'을 얻고자 한다. 그들의 의식이 언제나 그리고 동시에 오로지 영혼의 세계에 있는 것이라면 행복할지도 모르지만, 그들은 끊임없이 노동으로 몸을 혹사하고 물질적인 욕망에 사로잡혀 있는 자기 자신의 현실을 의식하게 된다. 그러한 현실을 필사적으로 부정하고 '영혼의 세계'에서만 살아가고자 작정하더라도, 그것이 허위라는 점을 알고 있다. 그러한 상태에 빠져 있는 의식이 '불행한 의식'이다. 이것은 많든 적든 이상과 현실의 갭을 얼버무리면서 살아가고 있는 모든 문명인의 의식 상태라고 할 수 있을 것이다.

　그러한 '불행한 의식'의 '주체'들이 도덕적 세계관을 만들어 내고 그 속에서 자기를 다루고자 할 때 '양심'이 활동하게 된다. 현실 세계에서의 인과 법칙과 그것에 기인하는 욕망에 사로잡히지 않고서 실천 이성이 발견하는 도덕 법칙에 자발적으로 따르는 것을 도덕의 본질로 간주하는 칸트의 도덕 철학과는 달리, 헤겔의 '양심'은 도덕적 의무와 현실 사이를 매개한다. 요컨대 현실 세계 속에서 살아가는 자기의 정신을 발전시키듯이 자기의 행동을 이끄는 것이다. 그와 동시에 '양심'은 개인의 내면에서만 활동하는 것이 아니라 공동체적인 정신과 개인의 관계를 조정하고, 의무에 기초하는 행위를 교양화된 세계 안에 자리매김하도록 작용한다.

푸코가 문제로 삼은 '욕망'의 한정

버틀러는 '주체 = 종속화 → 불행한 의식 → 양심'이라는 일련의 흐름을 라캉식으로 해석한 프로이트의 '주체'화론으로 다시 해석한다. 프로이트는 어머니와 일체화해 있어 분별심이 없는 젖먹이가 주체로서의 자아로 눈 떠가는 데 있어 아버지가 개입하여 양자를 갈라놓는다는 것을 시적한다. 어머니와 자신 사이에 끼어들어 분리하고자 하는 아버지에게 어린아이 — 특히 남자 — 는 반발하지만, 동시에 힘의 상징인 팔루스(남근)를 지니고 어머니를 자기 것으로 하고 있는 아버지에게 동경을 지니며 아버지와 같이 되고 싶다고 생각한다. 그리고 아버지를 모델로 하여 자기를 형성하게 된다. 즉 주체화 과정을 걷기 시작한다.

아버지를 모델로 한다는 것은 아버지가 대표하는 사회적 규범들을 몸에 익히고, 사회를 구성하는 다른 주체들로부터 인정받게 된다는 것이기도 하다. '아버지'가 상징하는 사회는 주체화하고 있는 아이의 내면에 정착하고, '자아'의 '욕망'을 안쪽으로부터 규제하여 사회의 규범 = 정상성에서 일탈하지 못하도록 하는 '초자아'를 산출한다. 이러한 의미에서 주체화는 '아버지 → 초자아'가 상징하는 사회에 대한 종속화이기도 하다. 이것이 오이디푸스 콤플렉스를 핵심으로 한 프로이트의 자아 형성론에 대한 일반적인 이해다. 오이디푸스라는 것은 이 아이가 자신의 아버지를 죽이고 어머니와 맺어지게 될 거라는 예언을 그것을 알지 못한 채로(= 무의식적으로) 실현하게 되는, 그리스 신화 및 소포클레스(BC 497/496경~BC 406/405경) 비극의 등장인물이다. 헤겔의 '주인'이 '아버지'로, '노예'가 '어린아이'로, '생사를 건 투쟁'이 '어머니의 사랑을 둘러싼 투쟁'으로 치환되었다고 생각하면, 대응 관계가 이해될 수 있을 것이다. '초자아'의 명령에 따르지 않으면, '주체'는 '양심'의 가책에 괴로워하고 현실과 괴리된 '불행한 의식'이 된다.

프로이트는 오이디푸스 콤플렉스를 아이의 생물학적인 성장에 근거하여 이해하고 있었지만, 라캉의 이론에서 '아버지'와 그 팔루스는 언어를 중심으로 하는 사회의 상징적 질서를 대표하는 것으로서 성격을 부여받는다. 언어를 통해 사회적 규범을 몸에 익히는 것이 '주체＝예속'화라고 말하는 것이게 된다. 그와 동시에 근원적인 '충동'이 '아버지의 이름(아니야)nom(non) du père' — 프랑스어에서 '이름'이라는 의미의 〈nom〉과 '아니야'라는 의미의 〈non〉은 같은 발음 — 에 의해 금지되는 것이 '주체＝예속'화의 조건이라는 점이 강조된다. 이 경우의 '억압'되는 '충동'이라는 것은 구체적으로는 '리비도'라고 불리는 성적인 뉘앙스를 띤 충동이다. 각 사람의 성을 중심으로 하는 인격적인 정체성을 확립하기 위해서는 원초적인 리비도에 포함되어 있던 근친상간이라든가 동성애, 사디즘·마조히즘 또는 인간이지 않은 것에 대한 애착 등, 이상異常으로 여겨지는 방향성을 '억압'하고 사회적으로 인정되는 '욕망'으로 바짝 줄이지 않으면 안 된다. 푸코가 문제로 하는 것은 '주체＝예속'화라는 것이란 바로 그러한 '욕망'의 한정이 젠더와 섹슈얼리티뿐만 아니라 신체를 기반으로 한 활동 전반에 퍼진 것이라고 이해할 수 있다.

라캉의 이론을 비판적으로 독해함으로써 남녀 사이의 이성애에 한정되지 않는 젠더와 섹슈얼리티의 다양한 가능성을 탐구하는 버틀러는 '주체＝예속'화의 조건인, 필요하지 않은 동시에 위험한 리비도의 억압이 완전히 수행되지 못하고 '금지된 것'에 대한 욕망이 자주 환기됨으로써 안정된 것처럼 보이는 '주체'의 정체성을 교란한다는 것을 시사한다. 그러한 교란에 대처하기 위해 '아버지–자식' 관계를 '분석자/피분석자' 관계에 의해 재건할 것을 시도하는 '정신분석'이 생겨난 것이다. '정신분석'은 본래의 '아버지–자식' 관계가 있었다는 것을 전제로 분석을 진행하고 비본래적인 욕망을 다시 한번 봉쇄하고자 하지만, 분석을 진행해 나감에 따라 그러한 본래적인 관계는 정말로 존재했던 것인가, 본래적인 욕망과 비본래적인 욕망 사이에 명확한 구별은 있는 것인가, 후자는 본래 억압되어 있었던 것인가와 같은 의문을 낳게 된다. 자신의 영위를 통해 자주 자기 자신의 존재 기반 자체를 의문에 부치게 되는 '정신분석'의 존재 자신이 '주체'가 지니는 불안정성을 보여준다고 말할 수 있다. 버틀러는 헤겔이 묘사한 '주인/노예'의 변증법적 긴장 관계 속에서 오이디푸스적인 '주체', 이성애의 남성 중심주의를 토대로 하는 '주체'의 불안정성의 징후를 본다.

'주체'의 행로

'주체'의 불안정화

지금까지 몇 차례 언급했듯이 구조주의적 정신분석의 창시자인 라캉은 헤겔 해석에도 커다란 영향을 미치고 있다. 주요 저작『에크리』(1966)에 수록된 논문 몇 개에서 헤겔, 특히 '주인/노예'의 변증법에 대해 몇 차례 언급하고 있다.『에크리』가운데서도 가장 중요한 논문으로 자리매김하는 경우가 많은「정신분석에서의 언어parole와 언어활동langage의 기능과 영역」(1953, 56)에서는 정신분석에서의 '분석자/피분석자' 관계가 '주인/노예'의 변증법과 대비되고 있다.

'분석자'와 '피분석자'의 관계는 언어를 매개로 하여 구축된다. 앞에서 버틀러에 근거하여 살펴보았듯이 라캉은 '아버지'로 대표되는 '타자'의 언어(에 의해 전달되는 사회 규범)를 수용함으로써 '주체'화가 행해진다고 생각한다. 그때까지 어머니와의 신체적인 접촉을 중심으로 외계에서 생겨나는 사태를 불안정하고 변화하기 쉬운 이미지와 환상으로서 막연하게 파악하고 있던 유아적인 세계, '상상계l'imaginaire'에 대해 언어의 규칙(코드)을 매개로 하여 다른 인간과 사물을 안정된 질서 속에서 파악할 수 있는

'상징계le symbolique'가 일어서고, 심적 생활의 중심이 이동한다. 간단히 말하면, 언어의 규칙에 따라 모든 것을 파악할 수 있는 이성적인 주체로 되는 것이다. 이 이행은 '주인'('아버지' 또는 사회를 대표하는 '(대문자의) 타자'에 해당)과의 투쟁에서 패배한 '노예'가 '주인의 관념'에 이끌려 자기를 교양화하기 시작하는 것에 대응한다. '팔루스'로 상징되는 사회적인 힘에 예속됨으로써 '주체'화한다는 것이다.

나만 '상징세'는 일단 확립되면 그 후에는 계속해서 안정적인 것이 아니다. 자주 기능 부전이 일어난다. 그것이 '신경증'이나 '정신병' 등의 증상으로서 나타난다. 표준적인 언어 질서에 따라 사물을 파악하고 심신을 제어하는 것이 곤란해지는 것이다. 그리하여 '타자'의 언어를 다시 부여하고 '주인/노예' 관계를, 요컨대 사회적 규범에 대한 예속을 재구축하는 데 도움을 주는 존재로서 '분석자'가 등장하게 된다. '피분석자'는 '분석자'와의 사이에서 언어를 주고받음으로써 다시 '주체 = 예속'화를 시도하게 된다.

그와 같이 '분석자'를 '아버지 = 주인'의 대리로서 자리매김하는 것은 라캉의 말을 빌리자면 '주체'의 불안정성을 시사한다. '주체'에게 본래 내재하는 보편적 이성이 사회를 대표하는 '타자'(로서의 '아버지')의 말 걸기parole에 의해 환기되는 것이 아니라 '타자'의 강요로 인위적으로 심어져 사회적 제도·관습에 의해 뒷받침되고 있는 것인 까닭에 언제나 불안정하고, '아버지'나 '분석자'와 구체적으로 주고받는 것에 상당히 좌우된다고 생각된다. 그렇다면 '분석'은 본래적인 상태로의 회귀라는 의미에서의 치료와는 근본적으로 다른 것이 된다.

'절대지'의 존재

라캉은 이 점을 '생사를 건 투쟁'에서 패배하고 '주인'의 지배 아래

들어온 '노예'의 생각으로서 우의적으로 설명한다. '노예'는 자신이 죽을 가능성이 있다는 것을 알고 공포를 지니고서 '주인'에게 따르게 된 것이지만, 동시에 신체적으로는 똑같은 사람인 '주인'도 언젠가 죽는다는 것을 안다. '노예'는 '주인'에게 봉사하면서 '주인'이 죽을 때에 자신이 해방될지도 모른다는 기대를 지닌다. 그것은 상징 질서에 의해 억눌려져 온 근원적 충동이 그 질서, 부권적 권위의 붕괴를 통해 해방된다는 것이다. 다만 그것은 '주체'로서의 노예 = 나 자신의 죽음을 의미할지도 모른다. 피분석자가 분석자의 언어를 받아들임으로써 자기의 주체성을 다시 확립하고자 하면서 다른 한편으로 분석자를 교묘하게 기만하고 분석을 좌절시키고자 하는 것과 같은 피분석자의 기묘한 행동은 스스로가 따라야 할 '주인'의 죽음을 기대하면서 '주체 = 예속'화의 영위에 종사하는 모든 인간에게서 보이는 양의성을 표상 = 대리하고 있는 것으로 보인다.

일반적인 헤겔 이해에서 '주인/노예'의 '생사를 건 투쟁'에 의해 탄생한 '주체'는 자기 형성 = 교양의 길을 걷기 시작하며, '절대정신'의 자기 전개 = 역사에 참여한다. '절대정신'은 최종적으로 자기 자신을 포함하여 모든 것을 파악하는 '절대지das absolute Wissen'에 도달한다고 생각된다. '주체'의 자기 형성 방향성이 올바른지 아닌지, 요컨대 주체에 내재하는 이성을 안정적으로 발전시켜 '절대정신'의 발전 방향에 합치하고 있는지 아닌지는 '절대지'의 관점으로부터만 사실을 알 수 있다. 그러나 현실적으로 지상에서 살아가는 인간 가운데 '절대지'에 도달한 사람은 없다. 다시 말하면 앞 장에서 지적했듯이 '역사'가 일정한 '종언 = 목적'을 향해 나아가고 있다는 전제 자체가 '역사'의 운동을 초월한 위치로부터 모든 것을 꿰뚫어 볼 수 있는 '절대지'의 관점에 서지 않는 한에서 논증될 수 없다. 철학자 헤겔은 '절대지'의 존재(가능성)에 대해 언급하고 마치 '절대지'를 대리하기라도 하듯이 '주체' 또는 '인간'의 생성과 '종언'에 대해 말하고 있지만, 그 행위는 어떻게 해서 정당화될 수 있을 것인가?

이 문제에 관한 자세한 논의는 제4장에서 행하지만, 여기서는 적어도 라캉이 '절대지'를 문자 그대로의 의미에서 파악하지 않고, 오히려 언젠가 자기 붕괴하더라도 이상하지 않은 '주체'에 급한 대로 우선 발판을 주기 위한 허구의 장치처럼 다루고 있다는 것만 지적해 두고자 한다. '분석자'의 말이 '절대지'로 통하고 있는 것으로 보지 않으면 '피분석자'는 안심하고 그것에 의지하여 다시 '주체 = 예속'화할 수 없다.

'절대지'의 역설적 성격

이 점을 라캉 자신 이상으로 첨예화된 형태로 주장한 것이 슬로베니아 출신의 정신분석가·철학자 슬라보예 지젝이다. 지젝은 라캉과 헤겔의 관계를 논의한 『가장 숭고한 히스테리 환자』(1988년 초판, 2011년 제2판)에서 '절대지'의 역설적인 성격을 그려내고 있다. '주체'는 스스로가 지니는 '결여'를 메우기 위해 '대상'을 '욕망'하지만, '대상'의 배후에는 '공vide'이 펼쳐져 있으며, '대상'을 획득함으로써 '결여'가 메워지는 것은 아니다. 그것을 보여주는 것이 '절대지'다.

포스트 구조주의적인 현대 사상에서는 '주체'가 '결여manque'를 지니고 있다는 것이 강조된다 — 지젝은 라캉을 데리다로 대표되는 포스트 구조주의와 구별해야 한다는 것을 강조하지만, 설명이 지나치게 번거로운 까닭에 여기서는 그 다름에는 마음 쓰지 않고자 한다. 현대 사상의 맥락에서 '결여'라고 불리는 것은 아주 간단하게 말하자면 어머니의 신체 또는 자연으로부터 분리된 것 — 또는 그러한 원초적인 주객일체의 상태가 있었다는 환상 — 에서 기인하는 상실감이다. 그 상실을 메우기 위해 '대상', 특히 모태와의 원초적인 일체감을 환기하고 모든 욕망의 원천이 되는 대상, 라캉 용어로 '대상 a'라고 불리는 것에 대한 '욕망'이 생긴다. 라캉 자신은 '대상 a'의 구체적인 예로서 '유방', '눈길', '똥', '목소리'를 들고 있지만, 어린아이나 오타쿠가 페티시즘적으로 고집하는 오랜 수건이라든가 인형, 애니메이션의 캐릭터 등도 '대상 a'의 성격을 지닌다고 말할 수 있다. 그 정도로 분명한 형태는 아니더라도 모든 주체는 모종의 형태로 자기 자신의 '대상 a'에 구애받고 있다.

아직 상상계 속에 있는 유아(적인 상태에 있는 사람)에게 '대상 a'를 획득하여 일체화하는 것이 이미 불가능하다는 것을 가르치는 것이 (헤겔의 '주인'에 해당하는) '아버지' 또는 '타자'의 말이다. '팔루스'를 소유하고 그 힘으로 대상을 자신의 것으로 하는 것으로 보이는 '타자'와 만나게 된 '나'는 자기 자신의 '결여'를 자각하게 된다. 그 '결여'의 경험을 통해 '나'는 '타자'의 말에 따르면서 자기 자신을 '타자'와 같은 언어를 구사할 수 있는 '주체'로 형성해 간다. 통속적인 헤겔주의적으로 프로이트＝라캉 의 이론을 이해하면, 사회를 대표하는 이상화된 '타자', '대문자의 타자 l'Autre'와 동화하여 자기 안에 상징계를 확립함으로써 '주체'는 '대상'들과 의 사이에 합리적인 관계를 수립할 수 있게 되며, '결여'가 일거에 메워지는 일은 없다고 하더라도 상실감은 서서히 완화되어 간다. '주체＝예속'화에 의해 탄생한 '주체'가 도달해야 할 발전의 최종 목표를 가리켜 보여주는 것이 '절대지'라는 것이게 되는 것이다.

지젝의 라캉 재해석

그러나 지젝이 재해석하는 라캉의 헤겔 해석에서 '대상 a'의 배후에 있는 것은 무언가가 충족되어 행복한 상태가 아니라 '공'인바, 욕망이 '성취'된다는 것은 그 '공'에 도달하는 것이다. 예를 들어 특정한 애니메이 션 캐릭터에 대해 페티시즘적인 집착을 보이는 오타쿠의 욕망이 어떻게 하면 성취될 것인지, 본래 성취가 있을 수 있는 것인지 생각해 보자. 애니메이션 캐릭터는 실재하지 않기 때문에, 성적으로 교제한다든지 서로 접촉한다든지 하는 것은 가능하지 않다. 모태로 돌아온 것과 같은 일체감은 얻어지지 않는다. 성우라든가 피규어, 원작의 원화를 그 대체물로 할 수도 있지만, 그것은 어디까지나 대체물에 지나지 않는다는 것을 본인도 알고 있다. 영화라든가 원작을 자세하게 분석하더라도 그 캐릭터를 구성하는 개별적인 선과 색들이 보이게 될 뿐, 욕망의 '성취'로부터 한층 더 멀어지는 것은 오타쿠에게도 잘 알려져 있다.

그러면 캐릭터에게로 욕망이 향해 있는 것은 리비도의 왜곡이라는 전제에 서서 실제적인 파트너가 될 수 있는 상대에게로 욕망의 방향을 전환하면 좋은가 하면 그렇지 않다. 설령 그것이 가능하다고 하더라도, '대상 a'로서의 파트너의 매력이 '환상fantasme'에 의해 성립하고 있으며, '환상'이 향하는 측에는 아무것도 없다는 사태에 직면하지 않을 수 없다. 실제적인 파트너와 교제하더라도, 자기 신체의 존재 방식이 근본적으로 변화하고 모태로 회귀하는 것은 아니기 때문이다. 지젝의 해석에서는 라캉의 이론에서 '현실계le réel'라고 불리는 것은 환상을 제거당한 애니메이션 캐릭터에게 남겨진 선과 소리, 잉크의 집합체, 성적 파트너의 신체를 구성하는 피부라든가 살의 단편, 세포, 목소리의 질 등의 물질적인 요소만으로 이루어진, 전혀 아무런 맛도 없이 한산해진 노골적인 '사물'만의 영역이다.

이러한 사태는 '주체'와 '대상 (a)' 사이에 '타자'의 언어가 들어오더라도 조금도 변화하지 않는다. '대상'에서 경험해야 했던 '공'이 '타자'와의 관계에서 경험하는 '결여'로 옮겨졌을 뿐이다. '타자'들도 욕망의 대상과 일체화하는 데 필요한 '팔루스'를 소유하고 있는 것이 아니라는 것은 언젠가 드러난다. '대상 a'의 배후에 놓여 있는 '현실계'라는 '공'으로 향해 가는 '욕망'이 '타자의 말'이라든가 '타자의 욕망' — 타자가 욕망하는 것을 나도 욕망한다 — 등을 경유하고 우회하여 나감으로써 결정적인 파탄을 면하는 것이다. '절대지'란 주체와 대상의 동일화를 실현하는 앎이 아니라 오히려 역으로 이러한 '대상 (a)' 획득의 근원적인 불가능성에 관한 '앎'이다. 우리는 자신의 '욕망'을 성취할 수 없다는 것을 사실은 알고 있기 때문에야말로 살아남을 수 있는지도 모른다.

지젝의 말을 빌리자면, 단지 '욕망'의 대상이 '공'이고 '결여'가 계속해서 '결여'라는 사태를 폭로할 뿐만 아니라 그럼에도 불구하고 '욕망'의 회로가 파탄하지 않고서 '주체'가 존속하는 틀을 밝혀낸 것에 라캉의 공적이 있다. 그리고 라캉을 그 인식으로 이끈 것이 헤겔의 비판적 독해다. 지젝은 1990년대에 이러한 헤겔=라캉적인 관점으로부터 영화, TV 드라마, 오페라, 정치가의 언동 등을 분석하고, 난해함에 끝이 없는 것으로 알려진 라캉을 대중화했다.

제3장

인정론과 공동체

헤겔과 윤리

보수적 이미지의 도덕 철학

이미 보았듯이 헤겔은 『법철학 요강』에서 가족에서 시작되는 공동체적인 윤리와 법이 '시민 사회'를 거쳐 '국가'의 보편적인 법체계로 통합되어 가는 과정을 그려냈다. 현실 사회의 이해관계와 분리된 순수한 도덕 법칙에 기초하는 자율의 가능성을 추구한 칸트의 도덕 철학과 비교하여 '현실적인 것'과 '이성적인 것'을 매개하고 역사 속에서 발전해 가는 인륜Sittlichkeit의 법칙에 초점을 맞춘 점은 획기적이며, 19세기 이후의 도덕 철학과 사회 과학에 강한 영향을 주었다. 그러나 제2차 대전 후 역사 철학과 결부된 헤겔적인 도덕 철학에 대한 공격이 강해지고 오로지 비판의 표적이 되는 경우가 많아졌다. 헤겔의 도덕 철학에는 보수적인 이미지가 붙어 다니게 되었다.

그 이유에는 크게 나누어 두 가지가 있다. 하나는 헤겔 철학의 현 상황 긍정(보수)적인 동시에 관념론적 = 이상론적idealistisch인 성격이다. 『법철학 요강』에서 헤겔은 현실에 존재하는 국가, 구체적으로는 프로이센의 국가를 이성이 현실화한 것으로서 정당화하는 것 같은 태도를 보였다. 현실의 국가에는 신분과 재산의 격차가 있고 반체제적인 언론과 사상이 탄압되었지만, 헤겔 철학은 자기의 관념론적인 세계·역사관에 억지로 맞추어 마치 자유가 실현된 이상의 국가인 것처럼 꾸몄다.

헤겔 철학의 '현 상황'을 미화하는 경향에 대한 비판은 1830년대 중반 이후 대두한 헤겔 좌파에 의해 이미 착수되어 있었다. 헤겔 좌파를 유물론적으로 첨예화한 맑스주의는 관념론의 화신인 헤겔 철학의 극복을 이론 투쟁의 초점으로 삼았다. 맑스주의는 헤겔로부터 변증법적인 역사 발전 법칙과 노동을 통한 인간화라는 견해를 계승했지만, '의식'의 활동에 중점을 두고 '이상'에 아울러서 '현실'을 이해하는 관념론적인 발상에 대해 철저한 공격을 가했다. 두 차례의 세계 대전을 거쳐 맑스주의 세력이 급속하게 확대된 것에 수반하여 헤겔적인 도덕 철학에 대한 비판도 강해졌다.

그러한 맑스주의에 고유한 헤겔 비판에 더하여 나치즘이 탄생하는 배경이 된 19세기 독일의 국가 체제, 내셔널리즘, 체제 순응적인 정치 문화에 대한 비판이 고조되는 가운데, 그것을 뒷받침해 온 헤겔 철학에 대한 지식인들의 견해가 혹독해졌다고 하는 점도 있다. 헤겔 철학은 독일적으로 왜곡된 '자유주의'의 상징으로 여겨지게 되었다.

영미에서는 공동체주의·국가주의적 성격이 강하고 (소련의 이데올로기인) 맑스주의와도 깊은 곳에서 결부되는 동시에 역사의 (단선적) 발전이라는 형이상학적인 전제에 근거하는 헤겔보다 자유주의와 성격이 잘 들어맞는 칸트 철학 쪽이 높이 평가되게 되었다. 영미 철학에서 이러한 의미에서 반헤겔의 제일 선두에 선 것은 분석 철학의 창시자들 가운데 한 사람인 동시에 영국에서의 신헤겔학파의 강한 영향을 받고 있었던 버트런드 러셀(1872~1970)과 오스트리아 출신으로 영국에서 활약한 과학 철학자 칼 라이문트 포퍼(1902~94)다.

또 하나는 헤겔의 '역사'관에 갖추어져 있다고 생각되는 냉혹하고 비인간적인 '합리주의'에 관계된다. (통설적인 이해에 따른) 헤겔의 역사관에서

'역사'는 보편적인 동시에 합리적인 법칙에 따라서 발전해 간다. 그 과정에서 합리성의 실현 정도가 낮은 관습, 제도, 집단, 인격 유형은 도태되고, 인류 전체가 공통의 합리성을 체현하게 된다. 맑스주의의 유물론적 역사관도 보편적 합리성이 점차로 현실화해 간다는 전제는 공유한다. 그러한 헤겔＝맑스주의적인 역사관에서는 '문명화 과정'에서 주류를 형성하게 된 선진국으로부터 비합리적이라는 판정을 받은 문화나 민족이 존재 자격을 부정당한다. 그러한 일원적인 역사관은 이데올로기적으로 우든 좌든 또는 중립을 가장하고 있든 상관없이 전체주의적인 체제를 '합리성'이라는 이름 아래 정당화하고 마는 것이 아닌가 하는 의혹이 생겨난다. 이러한 관점을 취하면, 헤겔 변증법의 '정 → 반 → 합'의 발전 법칙은 아무래도 '투쟁의 승자 ＝ 가장 합리적인 자'라고 시사하고 있는 것으로 보인다.

'계몽의 변증법'에 대한 철학의 저항

이러한 '합리주의' 비판의 관점에서 이른바 '헤겔주의적인 역사관'과 정면에서 대결한 것이 프랑크푸르트학파의 제1세대인 아도르노다. 호르크하이머와의 공저 『계몽의 변증법』(1947)에서 아도르노는 '문명'이나 '합리성'이라는 이름 아래 '자연'과 '사회'의 모든 것을 일원적으로 지배하고자 하는 계몽적 이성의 폭력을 그려내고 있다― 이에 대해서는 앞에서 언급한 『현대 독일 사상 강의』를 참조할 수 있을 것이다. 계몽적 이성은 화폐로 결정화하는 등가성의 원리에 따라 사물들에 가치를 부여하고, 사물마다의 세부적인 차이는 사상하여 획일적으로 대량 생산한다. 각 사람은 보편적 이성에 맞추어 자신의 생활을 규율함으로써 노동력으로서의 자기를 재생산하게 된다. 소비도 생산의 메커니즘에 짜 넣어진다. 그 흐름에 동화되지 않는 자는 사회로부터 배제된다. 계몽적 이성에 의한 '동(일)화Identifikation'

에 반발하고 '자연'으로 회귀하고자 하는 충동이 사람들을 사로잡는 일이 있지만, 그 대부분은 나치즘이 그러했던 것처럼 좀 더 물질화되고 다양성을 억압하는 야만적인 체제를 산출하게 된다.

'계몽'은 사람들을 자연을 의인화한 신들을 두려워하고 미신적으로 따르는 신화적인 세계관으로부터 해방하여 '이성'에 의한 자유로운 사유로 눈뜨게 하는 것이어야 했다. 그러나 계몽적 이성에 의한 '동(일)화'가 진행되면 진행될수록, 사람들은 자발적인 사유를 하는 의지와 능력을 잃고, 국가와 산업이 부여하는 획일적인 척도를 무비판적으로 받아들여 문명적 생활의 틀 내에 머무르기를 고집하게 된다. '계몽'이 또 하나의 좀 더 강력한 '신화'로 변한 것처럼 말이다. '계몽'의 역사가 그것이 극복했어야 할 '신화'로 역류하고 반전되는 것과 같은 양상을 드러내는 것이 『계몽의 변증법』이다.

호르크하이머와 아도르노는 이러한 진보 사관의 변증법적인 반전 도식 속에서 헤겔의 의의를 다시 묻는다. 그들은 헤겔을 그러한 진보 사관을 정당화한 철학자로서 단순히 단죄하고 있는 것이 아니다. 그들에 따르면, 헤겔은 '계몽'이 점차로 획일화한 사회적 현실에 대한 순응으로 떨어져 가고 있다는 것을 일찌감치 간파하고, 그러한 현실과 비판적으로 대결하는 것을 계몽적 이성의 본래적인 존재 방식이라고 시사하고 있었다고 한다. 그러나 그는 획일적으로 인민을 지배하고 비판적 의식을 빼앗아 가는 사회와 국가를 '역사'라는 형식을 취하는 '절대정신'의 운동의 필연성인 것처럼 파악하고 긍정해 버린 것이다. 헤겔은 '계몽의 변증법'에 대한 철학적 저항의 한계를 보여주고 있었다고 할 수 있다.

헤겔과 아도르노

'노동'과 '욕망'을 둘러싼 문제 계열

『계몽의 변증법』에서 헤겔에 대한 언급은 아주 적지만, 아도르노는 그 후『세 개의 헤겔 연구』(1963)에서 헤겔과 계몽적 이성의 관계를 상세하게 ─ 상당히 난해한 문체로 ─ 논의하고 있다. 아도르노는 모든 사태를 자아가 자신 안에서 산출하는 관념으로 환원하는 경향이 있었던 칸트와 피히테의 관념론적 경향을 철저하게 비판하고, '사회Gesellschaft'에서의 주체의 존재 방식, 특히 '노동Arbeit'과 '욕망Begierde'을 둘러싼 문제 계열을 시야에 넣었다는 점에서 헤겔을 높이 평가하고 있다. 자기의 '욕망'을 충족하기 위해 '자연'에 대해 능동적으로 작용하게 된, 요컨대 주체적으로 '노동'하게 된 인간들은 '노동'에서 상호 협조하고 생산 효율을 올리기 위한 틀로서 '사회'를 만들어 냈다. '주체'로 된 인간들은 '사회' 속에서 자기를 형성하는 가운데 동시에 '노동'을 좀 더 고도로 조직화하기 위해 '사회'를 합리화하게 되었다.

그러나 '노동'과 함께 발전해 온 '이성' 또는 그 문화적 집합체로서의 '정신'은 자기 자신의 생산물이어야 할 '사회'의 체제에 강하게 구속되어

'자유'를 잃게 되었다. 초기 맑스가 '소외Entfremdung'라고 부른 현상이다. 『정신현상학』에서도 〈Entfremdung〉이라는 말은 사용되고 있지만, 그 용법은 양의적이다. '외화Entäußerung', 요컨대 정신적·관념적인 것의 실체화라는 중립적인 의미에서 사용되는 때도 있지만, (맑스와는 약간 뉘앙스가 다른) 부정적인 의미에서, 요컨대 현실 세계에서 실체화한 '정신'이 '정신' 자신에 대해 '소원한fremd' 것으로 되고 '정신'을 괴롭히거나 '정신'의 발전을 도리어 방해한다는 의미로 사용되는 때도 있다.

'소외 = 외화'라는 말이 나오는 것은 '교양 = 형성체Bildung'를 둘러싼 논의 맥락에서다. 헤겔은 '교양'을 '자기 소외하는 정신der sich entfremdete Geist'과 등치하고 있다. '정신'의 '외화한entfremdet' 형태로서의 '교양 = 형성체'는 '정신'의 더 나아간 발전과 각 사람의 자유 실현의 기초가 되어야 하겠지만, 때때로 사회와 국가의 보편적인 규범으로서의 법과 자유롭게 살아가고자 하는 개인과의 사이에 갈등을 불러일으키고, 공동체를 구성하는 사람들을 권력자와 피지배자, 부자와 빈자로 분열시킨다. 사회를 통합하기 위한 매체이어야 할 '국가 권력Staatsmacht'과 '부Reichtum'는 그러한 분열을 불러일으키는 것이다.

'시민 사회'의 '비동일성'을 평가

아도르노는 계몽적 이성에 의해 깨끗이 '동일화'되어 가는 것으로 보이는 '시민 사회' 속에 계속해서 남아 있는 분열·갈등, 시민 사회와 국가의 질서에 통합되지 않고서 부조화를 불러일으키는 '비동일성Nichtidentität(동화되지 않는 요인)'을 그려내고 있다는 점에서 헤겔을 높이 평가한다. 아도르노는 『법철학 요강』에서 제시된 헤겔의 '시민(부르주아) 사회'관을 '적대적 전체성die antagonistische Totalität'이라는 개념으로 파악하고 있다.

'전체성'이라는 것은 개개의 요소가 그것이 속하는 '전체'의 단순한 부분들이 되어 있을 뿐인 것이 아니라 그 요소들이 전체 속에 딱 들어맞게 유기적으로 짜 넣어지는 동시에 긴밀히 결부된 것이다. '시민 사회'의 경우 그것은 각각의 시민이 상호 간에 아무런 관계도 없이 따로따로 떨어진 생활 방식을 하고 단지 그 도시의 주민으로 되어 있을 뿐인 것이 아니라 시민으로서 명확한 자각을 지니고 상호 간에 밀접한 협력 관계를 구축하고 공동체의 번영에 이바지하면서 그 일원으로서 상응하는 생활 방식을 하고 있다는 것일 터이다. 앞에서 보았듯이 헤겔은 『법철학 요강』에서 '시민 사회'를 '욕구의 체계'임과 동시에 '전면적 의존의 체계'로서 규정하고 있다. 구체적으로는 민법을 중심으로 하는 사법의 체계와 재판 제도에 의한 분쟁 처리의 구조, 그리고 직업 단체Korporation에 의한 인재의 양성과 자격 인정, 동업자들 사이의 과당 경쟁의 억제, 도시 공동체 자치의 일환인 빈곤자에 대한 생활 부조, 길과 다리와 가로등 등의 기반 시설 정비(= 복지 행정·Polizei)와 같은 구조를 갖추고 있다. 헤겔은 시민 사회가 애덤 스미스 등의 영국의 경제학자가 그리듯이 기본적으로 따로따로 흩어져 살아가고 그때그때마다의 상황에 따라 다른 상대방과 경쟁하고 상거래 할 뿐인 사회가 아니라 상호 부조하는 성격을 지니는 어느 정도 고정화된 공동체적 네트워크로 이루어진 '전체성'으로서 다시 파악했다.

다만 다른 한편으로 시민 사회에서 살아가는 시민들이 자기 자신의 이익을 가장 우선하고자 하는 이상, 상호 간의 적대적 관계성은 완전히 제거될 수 없다. 사법의 체계는 실제로 일정한 재산 기반과 고객층을 지니고서 장사하고 있는 사람들에게 유리하다. 직업 단체는 중세의 길드와 같이 배타적으로 되는 경향이 있다. 복지 행정만으로는 살아갈 수 없는 층, 그 원조의 대상이 될 수 없는 층도 있다. 그러한 '시민 사회' 속의 모순(적대적 관계)을 해소하기 위해 좀 더 고차적인 인륜적 공동체(전체성)로서의 '국가'가 등장한다. 시민의 ― 보통 선거에 의한 것이 아니라 직업 단체를 모체로 하여 선출되는 ― 대표로 이루어진 의회와 관료제, 공법의 체계를 갖추고 최종 결정권자로서의 군주를 정점으로 하는 '국가'는 시민들의 수평적인 관계로는 해결할 수 없었던 문제의 해결에 해당한다. 마치 '국가'에 의해 '시민 사회'의 한계가 모두 극복되고 예정 조화 식으로 모든 것이 잘 되어가는 듯이 기술되고 있다. 그러한 (전체적) 국가를 형성하는 데로 세계사 전체가 나아가고 있다는 주장으로『법철학 요강』이 끝나기 때문에, 헤겔은 보수주의자·국가주의자로부터는 환영받고, 급진적인 자유주의자와 사회주의자, 아나키스트 등으로부터는 비판받아 왔다.

'동일성'은 가상인가?

아도르노의 말을 빌리자면, 헤겔은 좌우 양파가 믿고 있는 만큼 경박하게 '적대적 전체성'이 해소된다고 생각하고 있었던 것이 아니다. 헤겔의 텍스트를 차분히 읽으면, '국가'의 지배 아래에서도 적대적인 것을 포함한 '비동일성'이 남아 있게 되는 것이 아닌지 생각하게 된다.

헤겔의 철학은 적대적인 것의 비동일성에 부딪쳐 이리저리 애쓴 끝에 그것을 어떻게든 하나로 정리해 내지만, 이 비동일성이란 사실 참된 것이 아니라 참되지 않은 것, 정의에 절대적으로 대립하는, 저 전체의 비동일성이다. 그러나 바로 이 비동일성이 현실 속에서 동일성이라는 형식을 취하고, 어떤 제3자나 융화시키는 것을 개입시키지 않는, 모든 것을 포함하는 성격을 지니는 것이다. 이러한 미혹된 동일성이야말로 이데올로기의, 다시 말하면 사회적으로 필연적인 가상의 본질이다. 모순을 완화하여 절대자로 하는 것으로는 이 가상을 타파할 수 없다. 오로지 모순이 절대적인 것으로 되는 것에 의해서만 이 가상을 타파할 수 있으며, 놀랍게는 어느 날엔가 융화도 발견할 수도 있을 것이다. 헤겔은 융화가 있는 척할 수밖에 없었다. 그는 여전히 융화의 현실적 가능성이 있는지 없는지를 알 수 없었기 때문이다.

추상적이고 상당히 읽기 어려운 글이지만, 요점은 헤겔이 부딪힌 '비동일성'의 정체, 그 기원이다. '참된 것이 아니라 참되지 않은 것, 정의에 절대적으로 대립하는, 저 전체'라는 것이 구체적으로는 19세기 초 독일의 '(시민) 사회'의 현실 또는 '사회'를 지배하고 있는 질서를 말하는 것이지만, 아도르노는 그것이 실제로는 본래적인 의미에서의 전체(통합)성을 결여하고 사람들 사이의 적대적 관계가 강해지고 있음에도 불구하고 마치 시민 상호 간의 협력 체제가 이루어지고 정의의 원리가 공유되며 각 사람이 확고한 동포 의식을 지니는 것과 같은 외관이 생겨나는 것을 문제로 하고 있다. 헤겔은 시민 사회 속에 의연히 존재하는 '비동일성 = 시민 사회의 분열'에 주목했을 뿐만 아니라 그것을 둘러싼 고찰을 통해 본래 시민 사회를 지배하고 있는 것으로 보이는 '동일성'이 거짓된 '동일성', '동일성'의 '가상Schein'이라는 것을 깨달은 것이 아닐까? 아도르노는 그 가능성을 시사하고 있다.

'동일성'을 고집하게 하는 현상을 '물화'라고 불렀다

아도르노는 '동일성의 가상'을 '이데올로기'라고 바꿔 말하고 있지만, 그는 통속적 맑스주의의 이데올로기론처럼 '이데올로기'를 지배 계급이 피지배 계급을 속이기 위해 의도적·전략적으로 행사하는 선전이라고는 생각하지 않으며, 그러한 '가상'이 생겨나 (사회·경제적으로 다양한 생활상의 어려움이나 이해 대립을 지니고서 살아가는) 사람들이 자신들은 동일한 공동체의 일원으로서 '동일'한 것처럼 '미혹하는verblenden' 것에는 사회적으로 필연성이 있다고 생각한다. 많은 사람이 가상의 '전체성'을 참다운 전체성으로 믿어 의심치 않기 때문에, 학자나 활동가가 '여러분은 속고 있다'라고 외친다든지 논문을 쓴다든지 하는 정도로는 눈도 깜짝하지 않는다.

아도르노는 사람들의 생활·인식 형태, 나아가서는 '이성'과 '주체'의 존재 방식에 깊이 침투하여 '동일성'(의 가상)을 고집하게 하는 현상을 맑스의 용어를 빌려 '물화Verdinglichung'라고 부른다. '물화'라는 것은 인간들의 관계성과 인간이 만들어 낸 가치의 체계를 불변의 성질을 지닌 물질인 것처럼 간주하는 것 내지는 그것에 적합하도록 개개의 대상과 세계, 자연을 지각하게 되는 것이다. 인간이 애완동물이나 장난감, 기구, 집 등을 과잉되게 깊이 생각한다든지 높은 가치가 있는 것으로서 소중하게 생각하고 거래의 대상으로 하는 것은 그것들에 자연적으로 갖추어진 성격이 아니라 인간 자신의 사회적 관계성과 관습의 반영일 뿐이지만, 인식 주체들은 그 점을 깨닫지 못하고 그러한 사물들의 객관적 속성인 것처럼 믿어버린다. 자본주의적으로 '물화'한 세계에서 살아가는 주체들에게 모든 사물을 'a개의 P = b개의 Q = c개의 R = …… = X원'이라는 형태를 취하는 등가성의 원리에 따라서 가치 부여하고, 시장에서의 등가 교환을 '정의'의 모델로서 받아들이는 것은 너무나도 당연하다. 시장을 중심으로 하는 교환의 연관 속에서 살아가는 한에서, 시민 사회를 지배하는 '동일성'의 가상에서 벗어나기는 어렵다 — 아도르노에게서의 '물화'와 '동일성'의 관련에 대해서는 앞에서 언급한 『현대 독일 사상 강의』를 참조할 수 있을 것이다.

앞의 인용에서 '모순을 완화하여 절대자로 하는' 것과 '모순이 절대적인 것으로 되는' 것의 구별이 글의 겉으로 드러난 뜻으로는 이해하기 어렵지만, 전자는 '절대정신(절대자)을 상정하고 그 덕분에 당면한 모순이 조만간에 해소될 것처럼 보이게 하고, 모순으로서 드러나지 않게 하는' 것이다. 요컨대 신(절대정신)에 의한 예정 조화에 기대하는 것이다. 물론 그렇게 안이하게 상정하면, '동일성'의 겉보기는 도리어 강화될지도 모른다. 후자는 그 반대로 모순이 결코(절대로) 해소될 수 없는 것이라는 점을 철저히 직시하는 것이다. 아노르노의 입장에서 보면, 사회의 '모순'을 얼버무리지 않고 직시하는 것에 의해서만 '동일성'의 강한 미혹을 타파하고, 억압되어 있었던 '비동일성', 사회에 동화되지 않는 사람들과 자연의 고통이 보이게 되겠지만, 헤겔은 사회의 현 상황과 사회가 지금부터 어떻게 되어갈 것인지를 완전히 다 파악하거나 내다보지 못한 채로 타협하고 말았다. 절대정신의 인도에 의해 국가의 법 체계하에서 사회적 대립이 융화해 간다는 것과 같은 표현 방식을 취하고 만 것이다.

그것이 아도르노의 입장에서 본 헤겔의 한계다. 그러나 그것만이 아니다. 아도르노는 헤겔의 텍스트로부터 헤겔 자신이 이해하고 있었던 것 이상의 것을 읽어낼 수 있다는 점을 시사한다.

설령 헤겔의 철학이 최고의 기준, 요컨대 자기 자신의 기준에서 보아 실패라 하더라도, 동시에 그 실패라는 것에 의해 스스로가 진짜임을 보여주는 것이다.

거짓된 '동일성'의 완성에 손을 빌려주다

헤겔의 텍스트에 한정하지 않고 모든 텍스트에 대해 말할 수 있는 것이지만, 그 텍스트가 주장하고 있는 내용과 그 텍스트의 문체나 그것이 쓰인 맥락 등에서 읽어낼 수 있는 내실 사이에는 어긋남이 있다. 이것은 어떤 사람이 말하고 있는 것과 그 사람이 말하고 있을 때의 표정, 몸짓, 음색, 말하고 있는 상황에서 읽어낼 수 있는 정보가 자주 다른 것과 기본적으로 동일한 것이다. '이 문제는 해결될 수 있다고 확신한다!'라고 말하고 있는 사람의 표정, 몸짓, 음색, 상황이 그 반대를 분명히 드러내는 것은 자주 있는 일이다. 미술이나 음악 작품에 대한 비평이 그것에서 작자나 작곡가 자신의 의도와는 모순되는 효과를 읽어내는 것은 보통이며, 사회학이나 문화 인류학 연구가 당사자의 주장과는 다른 내용을 그 인물이 말할 때의 표정과 몸짓, 음색, 맥락, 주위 상황, 문화적 배경으로부터 재구성하는 것은 당연하다고 해야 할 것이다. 아도르노는 그것을 문학과 철학 텍스트에 관해서도 시도하고 있다. 이 경우 헤겔의 텍스트에서 명시되고 있는 결론에만 초점을 맞추는 것이 아니라 텍스트의 서법, 문체나 말투, 결론에 이르기까지의 과정, 다른 텍스트와의 관련 등에서 보이는, 즉 작품으로서의 텍스트가 말하고 있는 내실을 읽어내는 것이다.

그러한 텍스트의 몸짓으로부터 아도르노는 다음과 같은 것을 읽어냈다. 19세기 전반의 독일 사회는 자기 인에서 중대하고 있는 '비동일성'(사회적 분열, 빈곤, 소수파의 배제 등)을 '동일성'의 '가상'에 의해 감추고 있었다. 철학자 헤겔은 그 '가상'의 갈라진 곳을 발견하고 사회의 참된 모습을 드러낸 다음, 참된 화해의 가능성을 탐구하고자 했지만, 그 자신도 사로잡고 있었던 '가상'은 극복하지 못하고, 스스로 거짓된 '동일성'의 완성에 손을 빌려주었다는 것이다. 그러한 헤겔의 텍스트로부터 떠오르는 이미지로부터 아도르노는 계몽적 이성의 '동일화 작용'의 교묘함을 알아차리고 그것을 회피하기 위한 전략을 생각한 것이다. 아도르노에게 헤겔은 선구자임과 동시에 반면교사였다.

규정된 부정

'부정 = 규정'을 스피노자로부터 배우다

아도르노가 헤겔 텍스트에 대한 비판적 독해로부터 배운 전략이 '규정된 부정die bestimmte Negation'이다. '규정된 부정'이라는 말은 헤겔의 논리학의 기본적 범주에서 유래한다.

헤겔의 논리학에서는 어떤 사물을 개념적으로 '규정하는bestimmen' 것은 그 사물이 어떤 속성을 지닐 가능성을 '부정'하는 것을 의미한다. 예를 들어 '생물'을 '규정'하는 것은 '무생물'일 가능성을 '부정'하는 것이다. '생물' 가운데서 '동물'을 규정할 때는 '식물'일 가능성을 '부정'하는 것을 의미한다. 이 견해를 헤겔은 스피노자(1632~77)로부터 배웠는데, 신이야 말로 유일한 실체라고 하는 스피노자는 '부정 = 규정'을 사물들의 (신으로부터 본) '결여'로서 이해하고 있었지만, 헤겔은 그것을 사물 생성의 원리로서 바꿔 읽었다.

본래 무언가가 있는지 없는지 알지 못하는 혼돈 상태에서 '부정'이 생김으로써, 차이가 두드러짐으로써 사물이 구체적인 형태로 존재하게 된다. 헤겔의 시대에는 아직 과학적으로 인식되어 있지 않았던 것이지만,

빅뱅에 의해 원초적인 상태가 '부정'됨으로써 소립자가 생겨나고, 개개의 사물이 생성되기 시작한다는 것이나, 태고의 지구의 바다에서 자기이지 않은 것과 자기를 구별하는(= 전자의 부정) 막이 생김으로써 생명이 탄생한 것을 염두에 두면 이해하기 쉬울 것이다. 인간이 인생에서 회사원이라든가 직인, 공무원, 교사, 예술가와 같은 직업적 정체성을 획득하는 것은 그 밖의 가능성을 부정하는 것을 통해 이루어진다. '부정'이라고 말하면 아무래도 부정적·소극적으로 늘릴 수 있겠지만, 부정되는 것으로 되는 선택지는 반드시 선택(규정) 이전부터 구체적인 형태를 취해 존재하고 있었던 것이 아니라 선택을 통해 정체성이 규정되고 나서 잠시 후에 반성적으로 돌아보아 무엇이 부정되었는지 보이는 경우가 많다 ─ 부정된 것은 본래 막연한 가능성으로서만 존재하고 있었을지도 모른다.

자세하게 '규정'하고 구별하다

이것은 사물 그 자체의 생성뿐만 아니라 대상의 본질에 대한 주체의 인식 발전에도 꼭 들어맞는다. 처음에는 막연하게 보고 있었을 뿐인 것에 대해 'A는 생물이지 무기물이 아니다' → 'A는 동물이지 식물이 아니다' → 'A는 포유류이지 조류, 파충류, 어류 등등이 아니다' → 'A는 인간이지 개나 고양이 등의 다른 포유류와는 다르다' → 'A는 백인이지 유색인종이 아니다' → ……라는 식으로 인식이 좀 더 자세하고 명석해져 간다.

아도르노는 이러한 '규정 = 부정'의 창조적 활동과 지금까지 보아왔듯이 (추상적 관념을 조합한 사유만으로 문제를 처리하는 것이 아니라) 현실에 밀착한 헤겔의 사유 방법을 조합하여 '규정된 부정'이라는 개념을 만들어 내고 있다 ─ 독일어의 〈bestimmen〉에는 '규정하다' 외에 '특정하다'라든가 '한정하다'와 같은 의미도 있다. '규정된 부정'이란 비판의 대상을 무언가의 보편적 상위 개념에 기초하여 일방적으로 재단하는 것이 아니라 대상을 차분히 관찰하여 자세하게 '규정'함으로써 부정해야할 것과 긍정해야 할 것을 구별하는 것이다.

아주 당연한 것처럼 보이지만, 현실은 그렇지 않은 경우가 많다. 사람들은 '비판'할 때 그것의 부정적인 면만 본다든지 그 대상을 존재해서는 안 되는 것으로서 전면 부정하고자 하는 경향이 있다. 특히 '철학'과 '정치'와 '경제'가 교차하는 장면에서는 그렇게 되기가 쉽다. 속류의 조야한 맑스주의처럼 전형적인 이항 대립 사유를 하는 경우, '시민 사회'와 (부르주아가 지배하는) '국가'를 전면 부정하고자 하여 그 본질로 생각되는 사유 재산제, 개인의 경제 활동의 자유, 관료 기구 등을 일거에 깨부수는 데 힘을 들이게 된다. 어떠한 새로운 질서가 생겨나야 할 것인지 구체적인 비전도 없는 채 오로지 부정할 뿐이다. 그러한 세력이 대두하여 통치 불능한 상황이 생기면, 그 반동으로 나치스처럼 폭력에 의해 '(전면적으로 동일화된) 전체성'을 실현하고자 하는 체제가 등장한다든지 스탈린주의 시대의 소련처럼 부정하고자 하는 상대방(자본주의 국가)의 나쁜 점을 응축한 것과 같은 체제 — 부르주아 계급과 그 관료 기구를 근절하기 위한 당·국가의 강력한 관료 기구의 성립과 그 특권 계급화 — 가 만들어진다. 비판해야 할 대상이 생성해 온 역사적 경위나 그것을 뒷받침하고 있는 조건 '전체'를 정확히 파악함이 없이 표면의 눈에 띄는 것만 부정 = 비판하고자 하는 까닭에 그렇게 되고 마는 것이다.

헤겔 변증법의 재구축

그것을 회피하기 위한 '규정된 부정'에 의해 헤겔의 변증법을 재구축하는 것이 아도르노의 철학적 과제가 된다. 그 구상이 본격적으로 전개된 것이 만년의 저작 『부정 변증법』(1966)이다. 아도르노는 근대의 철학이 절대적으로 확실한 앎으로 이끌어 주는 합리적이고 일관성이 있으며 결코 잘못하는 것이 없는 — 수학과 물리학의 그것과 같은 — '체계'를 구축하는 데 힘을 기울여 옴으로써 스스로가 만들어 낸 올가미에 걸려 있다는 점을 지적한다. 자기의 생산물인 '체계'나 '개념'을 절대시하여 의심하고자 하지 않고, 그것들을 구사함으로써 모든 문제가 해결될 수 있는 것처럼 생각한다. 모든 것을 자기의 체계 내에 받아들이고자 한다. '동일화'하고자 한다. 따라서 자기의 체계에 받아들일 수 없는 '비동일성'(현실에 존재하고 이성에 의해 파악힐 수 없는 모순)을 참지 못하고, 설사 알아차린다고 하더라도 무시하고자 한다. 그러한 폐쇄적인 사유는 본래 '철학'이 극복해야 하는 것이겠지만, 위대한 철학이라고 여겨지는 만큼, 완전히 동일화된 '체계'를 지향하여 자기 자신을 배반하게 된다.

물론 철학자가 자기 자신의 이성을 과신하여 제멋대로 올가미에 걸리게 되는 것이라면 커다란 해는 없을 것이다. 그러나 '자율'을 신봉하는 (속류) 칸트주의나 '역사'를 체제 평가의 척도로 하는 (속류) 헤겔주의와 같이 대학 강좌의 틀에서 벗어나 상당히 조잡하게 일반화된 형태로 지식인을 매개로 하여 사회 전체에 영향을 주는 사상이라면, 사회 전체의 '물화 → 동일화' 경향에 이바지하게 된다. 구체적으로는 과학의 이름 아래 사회나 자연을 일원적으로 지배하고자 하는 나쁜 계몽적 이성을 정당화해 버릴 가능성이 있다. 아도르노는 나치스의 박해 대상이 된 에드문트 후설 (1859~1938)의 현상학도 '체계'화의 형태로 진행되는 '물화 → 동일화' 운동에 휘말려 있었다고 본다.

아도르노의 말을 빌리자면, '철학' 그리고 본래의 방법인 '변증법'의 본질은 자기 자신이 근거하는 이론적 전제를 언제나 비판적으로 다시 파악하고, 상식이라든가 권위의 형태로 물화하고 있는 '체계'와 '개념'을 무너뜨리며, 은폐되고 있는 '비동일성'을 드러내는 것이다. '변증법'이란 동일적인 논리에서 생기는 '모순'에 주목하고, 그 의미에 대해 생각하는 사유 방법이다. 그것은 '정 → 반 → 합'을 거쳐 궁극의 종합에 도달하고,

움직이지 않는 진리를 획득하기 위한 방법론이 아니다. 이러한 생각은 변증법을 왜곡하는 발상이다. 통속적인 헤겔 변증법의 이미지와는 대조적으로 철저하게 '비동일성'에 근거하여 사유하는 변증법을 아도르노는 '부정 변증법'이라 부른다.

'규정된 부정'이라는 전략적 태도

'부정 변증법'이 동일화의 올가미를 회피하는 열쇠가 되는 것이 '규정된 부정'이라는 전략적 태도다. '비동일적인 것das Nichtidentische'은 그 정의로부터 이미 철학적인 '개념'에 의해 직접적으로 '실재하는 것das Positive'으로서 파악될 수 없다. '개념'에 의한 파악은 '동일화'를 의미하기 때문이다. '비동일적인 것'이 떠오르는 것은 주체의 사유를 '동일성' 속에 붙들어 두고 있는, 즉 물화하고 있는 '개념'을 '부정 = 비판'할 때뿐이다.

조금 구체적으로 생각해 보자. '시민 사회'에서 '비동일적인 것'이 떠오른다는 것은 사회 속에서 통용되고 있는 통상적인 범주(기본 개념)에 맞지 않는 입장이나 젠더의 사람, 관계성, 사회적 긴장, 불공정 등이 보이게 되는 것일 터이다. 예를 들면 어떤 사회의 노동 계약의 존재 방식과 직장 환경 전반이 무언가 이상하다는, 즉 충분히 풍요롭게 되어 만족하며 생활하는 사람이 있는 한편, 자신들은 어째서 이렇게 고생하는 것인지, 불공정이 있는 것은 아닌지 하고 강한 의문을 지닌 사람이 있다고 해보자. 그의 주장은 기존의 앎에 의해 검증·정당화될 수 있을 것인가? 계약에 관한 민법과 상법 등, 체계의 기초 개념이 지배 계급과 지식인에게 둘러대기 좋은 선입관에 기초하고 있다면, '실정법das positive Recht'의 개념을 법학의 규칙에 따라 조작함으로써 그 '불공정'을 파악할 수는 없는 것으로 보인다. '실정법'의 기초에 있는 윤리의 기본적 관념들 자체가 왜곡되어 있다면, 그러한 관념들에 기초하여 사회 문제 해결을 시도하는 것과 윤리학과 사회학에 의해서 '불공정'을 적절하게 기술하기는 어려울 것이다. 기존의 사회적 관계성에 기초하는 경제가 (적어도 사회의 주류의 입장에서 보아) 파탄하지 않고 잘 돌아가고 있다면, 경제학의 방법에 의해서 '불공정'을 기술할 수 없다. 그러한 '불공정'이 그때까지의 역사 속에서 인지되어 있지 않다면, 역사학도 믿음직스러운 것이 아니다. 사회 과학적인 앎의 기초에 놓여 있고 사회적으로 널리 통용되고 있는(= 동일화 작용을 통해 사회적으로 널리 침투해 있는, 즉 물화한) 개념들의 성립을 '비판'하는 것을 통해서만 그 '불공정'(= '비동일적인 것')을 떠오르게 할 수 있을 것이다.

다만 그렇게 하는 데서 기초의 개념들을 손쉽게 전면 부정하고자 한다면, 현실로부터 유리되어 관념적으로 말을 가지고서 놀게 되고, '비판'해야 할 상대방과 똑같은 물화한 관념과 개념들 및 체계를 만들어 내어 그것에 빠져들게 될 수 있다. 현실에서 무엇이 가능한 것인지를 무시하고 '참된 공정함'을 내세우는 사람들이 권력만 장악하면 좀 더 커다란 '불공정'을 산출할 가능성이 높다. '비판'하는 '주체' 자신도 '물화 → 동일화'된 세계에 길든 주민이기 때문이다. '부정 변증법'은 언제나 현실에 밀착하여 어떠한 이상화된 개념적 파악에 의해서도 소멸시킬 수 없는 '비동일성'으로부터 눈을 돌리지 않는다는 의미에서 참으로 '유물론^{Materialismus}'이어야만 한다. 그러한 '비판'은 필연적으로 현실을 구체적으로 규정하는 형태로 비판하는, 즉 '규정된 부정'의 형태를 취하는 것이게 된다.

아도르노와 포퍼의 대립점

『세 개의 헤겔 연구』에서의 아도르노에게서는 가능한 한에서 헤겔에게 바짝 달라붙고자 하는 자세가 보였지만, 『부정 변증법』에서는 후기의 헤겔이 스스로가 회피하고자 하고 있었을 동일성의 사유에 빠져 있다고 분명히 말하고 결별한다. 막연한 무내용의 '존재'가 '부정'을 매개로 하여 '현존재(규정된 존재)Dasein'로 '생성Werden'해 가는 과정을 논의한『논리의 학』에서 두 개의 경향이 뒤섞이고, '동일성'이 승리하고 말았다고 보는 듯하다. '비동일성'을 동일화된 '체계' 속으로 회수해서는 안 된다. '소거할 수 없는 비동일적인 것의 표현인 변증법적 모순을 다시 동일성에 의해 평균화하는 것은 이 모순이 의미하는 것을 무시하고 순수한 수미일관한 사유로 되돌아가는 것과 동일했다.'

변증법을 체계화하는 것, 요컨대 동일성의 사유로 되돌리는 것을 철저하게 거부하는 아도르노는 당연히 '비판'을 계기로 하여 인간의 이성이 '진보'한다는 전제에 서지 않는다. '비판'에 의한 '진보'를 전제로 하는 것은 비판하는 주체의 입장을 긍정 = 실재화하고 (동일화된) 유용성의 기준에 따라서 가치 부여하는 물화한 세계 속에서 태어난 이상, '주체'의 비판적 지성의 잠재력을 신뢰할 수 없다.

이 점에서 아도르노는 기존의 체계에 대한 이성적 비판, 과학적 반증을 쌓아감으로써 지성을 진보시켜 갈 수 있다고 하는 과학 철학자 포퍼와 대립한다. 양자는 전체주의의 유혹에 저항하는, 아우슈비츠 이후의 사회 과학적 지식의 존재 방식을 탐구하는 관심을 공유하고 있었지만, 과학적· 비판적으로 사유하는 주체의 (물화한) 사회로부터의 자율성을 인정하는지를 둘러싸고서 대조적인 견해를 취하고 있다. 1960년대에 포퍼 등의 비판적 합리주의 진영과 프랑크푸르트학파 사이에서 전개된, 사회 과학의 '실증주의' 논쟁의 근저에 놓여 있었던 것은 '주체'와 '진보'에 관한 양자 견해의 다름이다. 과학적·비판적으로 사유할 수 있는 주체의 자율성을 인정하고 신뢰를 보내는 것이 전체주의의 저지로 이어지는 것인가, 그러한 발상이야 말로 위험한 것인가? 덧붙이자면, 포퍼는 그를 전체주의의 비판자로서 유명하게 만든『열린사회와 그 적들』(1945)에서 프로이센의 관료주의적인 국가를 역사 발전의 법칙이라는 이름으로 정당화한 헤겔의 사상을 전체주의의 사상적 원천으로서 단적으로 부정하고 있다. 헤겔(의 텍스트)과

전체주의를 어떻게 관계 지을 것인가를 둘러싸고서도 양자는 대립하고
있다.

현대의 '인정'론

정치사상에서의 '인정' 문제

아도르노가 헤겔로부터 끌어낸 것은 오로지 '부정'의 형태를 취하는 윤리였지만, 1990년대에 이르러 좀 더 적극적인 윤리를 헤겔로부터 끌어내고 현대적인 논의에 응용하는 시도가 나왔다. '인정recognition'을 둘러싼 논의다. 헤겔에게서 유래하는 '인정'론이 현대 사상의 중요 주제로서 주목되는 계기를 이룬 것은 캐나다의 정치 철학자로 공동체주의communitari-anism의 4대 이론가들 가운데 한 사람이자 헤겔 연구자이기도 한 찰스 테일러다 ─ 공동체주의에 대해서는 기쿠치 마사오菊池理夫, 『일본을 되살리는 정치사상 ─ 현대 공동체주의 입문』(고단샤 현대신서) 등을 참조.

문화적 배경이 상당히 다른 많은 민족이 거주하는 캐나다에서 민족 집단마다 자치와 권리를 어디까지 인정할 것인지를 둘러싼 '다문화주의 multiculturalism' 문제와 대결해 온 테일러는 논문 「인정을 둘러싼 정치」(1992)에서 현대의 정치사상에서 '인정 문제가 떠올라 왔다는 것을 주장하고 있다. 근대의 정치에서는 종래 '평등'에 초점이 맞추어져 있었다. 사회주의가 경제적인 분배에서의 '평등'을 중시하고 있었던 데 반해, 자유주의는 개인의 '자유'를 중시하고 있었다고 하는 것이 일반적인 이해이지만, 자유주의는 모든 시민에게 '자유'에 대한 권리를 '평등'하게 부여하는 것, 각 사람의 자유를 '평등'하게 존중하는 것에 힘을 기울여 왔다고도 말할 수 있다. '자유의 평등'에 배려하지 않는 것이라면, 정치사상으로서의 '자유주의'가 존재하는 의미가 없어진다. 또한 미국의 주류파인 '리버럴'로 여겨지고 있는 존 롤스(1921~2002)나 로널드 드워킨(1931~2013)은 사회가 자유를 추구하는 개인들의 협력 관계의 네트워크라고 하는 전제 아래 각 사람이 자유롭게 살아가는 데 필요한 기본재·자원의 '평등'을 주장하고 있다 ― 미국의 '리버럴리즘'에 대해서는 졸저 『집중 강의! 미국 현대 사상』(NHK북스)을 참조할 수 있을 것이다.

널리 알려져 있듯이, 1980년대 말부터 90년대 초에 걸친 동구 나라들에서의 사회주의 정권의 붕괴 전후부터 내셔널리즘의 대두와 그에 수반하는 지역 분쟁의 해결이 국제 정치의 새로운 주제로서 중요성을 늘려가고 있다. 자신들을 국가를 형성하는 권리와 능력을 갖춘 하나의 '국민'으로서, 또는 연방 국가적인 틀 내에서 자치를 허락받아야 할 권리와 능력을 갖춘 하나의 '민족'으로서 '인정할' 것을 요구하게 된 문화적 집단이 잇따라 국제 정치의 무대에 나타났다. 모든 사람이 노동과 분배에서 평등하다는 공산주의 사회가 실현되기만 하면 민족 문제는 자연히 해결되기 때문에, 민족적 정체성에 구애되어서는 안 된다는 정통 맑스주의의 평계는 이미 좌파 사이에서도 통용되지 않게 되었다. 공산주의 사회 실현을 명분으로 하여 소수 민족 탄압을 계속해 온 소련의 실체가 분명해졌다.

다만 테일러가 직접적인 논적으로서 상정하고 있는 것은 오히려 서구 나라들의 자유주의자들이다. 롤스나 드워킨과 같은 (부의 재분배를 원리적으로 정당화하는) 평등주의적 리버럴을 포함하여 전통적인 자유주의자는 정치가 가치 중립이어야만 하며, 특히 개인의 사적 생활에 간섭해서는 안 된다는 전제로부터 출발한다. 종교와 언어, 전통 의례 등, 문화적 정체성에 관한 문제는 사적 영역에 속한다고 생각된다. 모든 시민을 법적으로 평등하게 대우하기 위해서는 구체적으로 어떻게 하면 좋을 것인가, 모든 시민에게 이익이 되는 것은 어떠한 정책인가 하는 것은 공적 영역에 속하는 사항이기 때문에, 그것들을 정치의 주제로 삼는 것은 자유주의의 견지에서 정당화될 수 있지만, 특정한 종교를 믿는 사람, 특정한 언어를 모국어로 하는 사람이 다수파로부터 멸시받고 사회적으로 불리한 입장에 놓이지 않도록 국가가 배려하는 것은 개인의 사생활에 간섭하게 되는 것이기 때문에 정당화될 수 없다는 견해가 성립한다. 캐나다 퀘벡주의 프랑스어계의 주민과 다른 소수 민족이 자신들의 언어 문화를 유지할 수 있도록 정부가 집단적인 권리를 인정하고 보조를 주는 것은 문화의 내용에 지나치게 개입하는 것으로 생각된다. 유대교도가 안식일을 휴일로 할 것을 요구한다든지 이슬람교도가 예배를 위한 휴식과 장소를 요구한다든지 하는 것과 단순한 괴짜가 수요일을 휴일로 삼는 것이나 게으른 자가 많은 휴식 시간과 공간을 요구하는 것을 심각하게 별도로 취급할 수는 없다. 어떠한 동기에서 그것을 요구하는가 하는 것은 사적 신조의 문제이기 때문이다.

테일러의 유연한 자유주의

자기가 사회의 다수파와 다른 존재 방식을 하고 있는 것, 요컨대 '차이'를 '인정'하도록 요구하는 사람들의 목소리에 대해 가치 중립성에 구애되는 종래의 자유주의는 잘 대응할 수 없다. 테일러는 엄격하게 각각의 개인을 평등하게 다루는 것이 아니라 문화적 다양성의 보호를 전제로 하는 유연한 자유주의를 제안한다. 이러한 그의 발상은 그의 헤겔 연구와 결부되어 있을지도 모른다. 『헤겔』(1977)과 『헤겔과 근대 사회』(1979)에서 테일러는 헤겔의 텍스트로부터 읽어낼 수 있는 교훈으로서 '자유freedom' 또는 '주체성'을 '상황에 놓는situate' 것의 중요성을 지적하고 있다.

역사 속에서 살아가는 우리는 자기 자신의 어떠한 것에도 의거하지 않는 '절대적 자유'를 추구해 왔지만, 우리의 '주체성'이 각 사람이 살아가는 구체적인 사회, 생활양식 속에서 '육화 = 구현embody'되는 것인 이상, 주체가 속해 있는 사회의 존재 방식에 의해 조건 지어져 있을 것이다. 특히 주체가 몸에 익힌 '언어'를 통해 세계관과 사물의 견해가 형성되고 있는 까닭에 그것을 무시한 '자유'나 '주체성'은 생각될 수 없다. 우리의 삶은 완전하게는 개념적으로 파악될 수 없는, 무의식 수준에 머무르는 욕망에 의해 움직여지는 면이 있다. 그것들은 예술과 종교, 일상적인 생활 실천에서 표현된다. 그것을 이해하기 위해서는 과학주의적·논리주의적인 접근보다 후설의 생활 세계론, 마르틴 하이데거(1889~1976)의 세계 내 존재론, 비트겐슈타인(1889~1951)의 언어 게임론, 마이클 폴라니(1891~1976)의 암묵지론과 같이 명시적으로 의식화되는 것이 아닌 삶에 초점을 맞추는 언어·신체론과 같은 접근 ─ 리처드 로티(1931~2007)라면 '해석학적hermeneutic'이라고 형용하는 접근 ─ 이 유효하다.

이러한 생활 속에 뿌리박고 있는 구체적인 삶의 표현에 주목하는 사유 방법은 헤겔보다는 헤르더 또는 헤겔과 동시대를 살아간 셸링이나 독일 낭만파에서 그 원천을 발견할 수 있다 ─ 헤겔과 초기 낭만파의 관계에 대해서는 졸저 『모데르네의 갈등』(御茶の水書房)을 참조할 수 있을 것이다. 테일러는 헤겔의 언어관과 주체관이 사실은 상당히 (넓은 의미의) 낭만주의의 영향을 받고 있었지만, 최종적으로는 '절대정신'의 자기실현 과정에서 삶의 비합리성이 극복되어 가야 한다는 전제에 서서 '육화된 주체'를 잘못 파악했다는 점을 지적한다. 테일러는 '정신'과 '공동체(인륜)'를 둘러싼 헤겔 사유의 변천 내지는 그의 텍스트의 맑스주의 등에 의한 수용을 더듬어 감으로써 헤겔이 놓치고 만 것을 되찾고, 현대 철학의 '언어론적 전회'(로티)의 의의를 확고히 파악한 데 기초하여 생산적으로 살려갈 수 있다고 시사한다. 테일러도 역시 아도르노만큼 뒤틀린 것은 아니지만, 헤겔을 거슬러 헤겔의 텍스트를 읽는 것이다.

'주인과 노예'의 변증법과 루소 형의 '평등한 존엄'

이야기를 논문 「인정을 둘러싼 정치」에서 제기된 문화적 인정을 둘러싼 문제로 돌아오면, 테일러는 표준적인 자유주의, 절차적 자유주의procedural liberalism가 '구현(육화)된 주체성 → 상황에 놓인 자유'를 잘못 파악하고 있는 까닭에, 모든 시민에게 자유로운 생활을 보장한다는 목적을 수행하지 못하고 있다고 생각하는 것으로 보인다. '인정'을 둘러싼 문제는 절차적 자유주의의 약점을 보여준다. '인정'을 '상황에 놓인 자유'론의 틀 속에서 자리매김하는 것이 필요해진다.

'인정'의 문제는 알기 쉽게 다시 말하자면 명예honor와 긍지pride를 둘러싼 문제다. 명예와 긍지에 구애되는 것은 타인의 평가에만 마음 쓰고 자기다운 생활 방식, 참으로 자유로운 생활 방식을 취하는 것을 방해한다는 것으로부터 그것들을 부정하는 철학적 담론이 있다. 스토아학파나 그리스도교 등이 그러하다. 그러나 근대에 들어서서 명예와 긍지를 '평등한 존엄equal dignity'으로서 다시 파악한 데 기초하여 의의를 부여하는 시도가 생겨났다. 그것의 2대 원천은 루소와 칸트다. 칸트는 타자의 인격을 무언가를 실현하기 위한 도구로서가 아니라 목적 그 자체로서 다루어야 한다는 것, 요컨대 다른 인격(인간)과의 관계에서 도덕적인 원리에 따라 행동하고 이성적인 인격들로서 어울리는 관계성을 구축해야 한다는 것을 주장한다. 루소는 '일반의지'의 주체인 '공통의 자기'가 형성되기 위해서는 시민들이 서로를 평등한 인간으로서 존중하는 것이 전제로 된다고 주장한다 ― 루소의 '일반의지'론에 대해서는 앞에서 언급한 『바로 지금 루소를 다시 읽다』를 참조할 수 있을 것이다. 사람들이 공동체를 만들어 공통의 목적을 추구하게 되는 것과 서로를 존중하는 것은 표리일체의 관계에 있다. 칸트의 논의가 스스로가 도덕적으로 자율적인 인격이고자 한다면 타자의 인격을 존중해야 한다는 것을 이야기하는 것이라면, 루소의 논의는 '우리we'라는 의식을 형성하기 위한 존중을 이야기한다.

테일러에 따르면, 헤겔의 '주인/노예' 변증법은 루소 형의 '평등한 존엄'을 근거 짓는 내용으로 이루어져 있다. 앞 장에서 보았듯이 '생사를 건 투쟁'의 승자는 '노예'가 되는 패자로부터의 '인정'을 얻음으로써 '주인'이 되는 것이지만, 그것은 실제로는 '인정'이라기보다 힘으로써 '주인'으로서 받아들이도록 했을 뿐이다. '주인'이 인격으로서 가치 있는 존재로서 '인정'된다고 말할 수 있으려면 그 가치를 부여할 수 있는 권위를 지닌 존재이어야만 한다. '노예'는 그 반대로 독립적인 인격의 지위를 인정받지 못하고 도구로서 다루어지고 있는 존재다. '주인'의 '노예'에 대한 지배는 힘에 의한 것으로 정신적·법적 권위에 기초하는 것이 아니다. '주인'이 자율적이고 존중받아야 할 인격으로서 '인정'됨으로써 진정한 '주체'로 되고자 한다면, 적어도 자신과 똑같은 인간의 지위를 지닌 존재로부터의 '인정'을 추구해야만 한다. 이를 위해서는 자기 자신 이외의 존재를 '노예'로서 아래에 두고자 하는 태도로부터 타자의 인격을 인정하고 도덕적 공동체(= '우리')를 형성하고자 하는 태도로 이행해야만 한다. 그 공동체에서는 '평등한 자들 사이의 상호 인정reciprocal recognition among equals'을 통해 각 사람이 주체화, 인격화하게 된다.

이처럼 '인정' 문제를 파고 내려가 생각하면, 시민 사회는 단지 사람들이 '욕구'나 '욕망'의 실현을 위해 계약적으로 서로 관계하고 있는 개인의 네트워크일 뿐만 아니라 상호 승인에 기초한 도덕적 공동체일 수밖에 없다. 그것은 각 개인의 자유로운 생활 방식의 근저에는 그 공동체에 속하는 사람의 생활 방식에 방향을 부여하는 '공동선common good'이 놓여 있다고 주장하는 공동체주의자들이 상정하는 사회다.

초기 헤겔의 '인정'론

호네트가 참조한 『인류의 체계』

프랑크푸르트학파 제3세대의 리더로 여겨지는 악셀 호네트는 『인정투쟁』(1992)에서 초기 헤겔에게서의 '인정'론을 파고 들어가 '주인/노예'의 변증법과는 다른 각도로부터 새로운 헤겔 해석을 현대의 사회 이론으로서 전개할 가능성을 제시했다. 주로 참조하고 있는 것은 헤겔이 예나 대학의 사강사였던 시대에 집필한 초고 『인류의 체계』(1802~03)다.

이 논고는 피히테가 『자연법의 기초』(1796)에서 제시한 (자연)법의 근거 짓기를 극복할 것을 목표로 한 것이다. 피히테는 이성적 주체가 스스로 현실의 세계에서 자유롭게 활동할 수 있는 영역을 확보하기 위해서는 다른 주체들로부터 그것을 인정anerkennen 받을 필요가 있으며, 동시에 그 인정을 얻기 위해서는 자기 자신도 상대를 인정해야 한다는 것, 따라서 상호 인정이 필요하다고 알고 있는 것에서 '법'의 근거를 찾았다. 이러한 인식에 기초하여 실제로 각 사람이 자신의 행위를 제한함으로써 '권리＝법Recht'이 생성하며, 서로 상호 인정하는 사람들은 법적인 의미에서의 '인격Person'이 된다 ─ 독일어의 〈Recht〉나 프랑스어의 〈droit〉 등, '권리'를 나타내는 서구의 말은 동시에 '법'과 '정의'도 나타낸다. 이를테면 자유로운 존재로서 이미 스스로 다스리고 있는 주체들의 상호 인정이라는 노선에서 생각하고 있었다.

그에 반해 헤겔은 '주체'가 처음부터 스스로 다스리고 있는 것이 아니라 상호 인정을 통해 점차 '주체'로서의 자율성을 획득해 가는 과정을 그려낼 것을 시도하고 있다. 상호 인정은 '주체'가 다 생성된 후에 '주체'가 자유의 지에 의해 실행하는 것이 아니라 오히려 '주체'가 '주체'이기 위한 선제 조건이 되어 있는 것이다.『정신현상학』에서는 '주인/노예' 사이의 인정이 논의되고 있을 뿐이지만,『인륜의 체계』에서는 '주인/노예' 사이의 지배/피지배 관계로부터 시작하여 그것이 상호 인정을 통해 '인륜(공동체적 관계성)'의 형태로서 발전해 가는 과정이 그려지고 있다.『법철학 요강』의 논의를 선취하는 내용이 인정론과 관련되어 논의되는 것이다.『법철학 요강』에서는 '인정' 문제가 직접적으로는 논의되고 있지 않다.

상호 인정에 의한 공동체가 형성되기 '이전', 요컨대 어떠한 법 = 권리도 존재하지 않는 단계에서 사람들은 홉스의 자연 상태론에서 상정되고 있는 것처럼 자기 보존을 위한 투쟁을 전개한다. 문자 그대로의 '생사를 건 투쟁'에서 각 사람은 힘으로 상대를 굴복시키고 자신이 '주인', 지배자라는 것을 인정하게 하고자 한다. '인정을 둘러싼 생사를 건 투쟁'이 전개되는 것이다. 그 투쟁으로부터 상호 인정이라는 형태로 서로의 안전을 보장하고자 하는 태도가 길러진다.

세 가지 차원의 인정이 축

그렇게 하여 형성된 인륜(도덕적 공동체)의 제1단계가 공동의 노동에 의해 물질적 욕구를 채움과 동시에 '사랑Liebe'이라는 형태로 감정적으로도 결부된 '가족'이다. 부부와 부모 자식은 '사랑'을 유대로 하여 서로를 같은 가족의 구성원으로서 서로 인정한다. 제2단계는 재산 소유자들의 교환에 의해 성립하는 '시민 사회'다. 여기서 소유자 = 권리 주체로서 상호 인정하는 사람들을 결부시키는 매체로 되는 것은 '법Recht'이다. 제3단계에서 사람들은 국가의 정서적 계몽에 의해 공공 생활에 적극적으로 참여하는 자세를 지닌 주체로서 통합된다. 이 단계의 매체가 되는 것은 좁은 의미의 '인륜', 사람들의 공동체적 규범에 대한 헌신이다.

상당히 거친 초고에 머물러 있긴 하지만, 세 가지 차원의 인정을 축으로 하여 사람들이 사회 = 주체화하고 상호 행위의 파트너로 되어가는 과정이 묘사되고 있는 것을 호네트는 현대와도 통하는 사회 이론적 고찰로서 높이 평가한다. 하버마스가 주장하는 보편적 의사소통을 가능하게 하는 조건이나 의사소통 장애를 초래하는 것을 사회학·심리학적으로 해명한 데 기초하여 '인정'의 여러 모습을 구별하는 작업이 필요하기 때문이다. 예나 시대의 헤겔은 그 후에도 '인정' 문제와 계속해서 씨름하고 있지만, 호네트의 말을 빌리자면 자연 상태에 놓여 있는 주체들 사이의 투쟁과 관계성의 구축, 상호 행위를 통한 학습을 둘러싼 경험적 고찰은 후퇴하고, '정신'이 미리 결정한 과정을 — 상호 주관적으로가 아니라 — 독백론적으로 진행해 가는 것과 같은 기술로 되어갔다. 인정론의 잠재력은 충분히 다 길러내지지 못했다. 다만 호네트는 『우리 속의 나』(2010)에서 약간 궤도를 수정하여 『정신현상학』에서의 인정론을 적극적으로 평가하고자 했다.

미드의 사회 환경 속에서의 자기 발달론

호네트는 프래그머티즘 계보에 속하는 미국의 사회 심리학자 조지 허버트 미드(1863~1931)에 의한 사회 환경 속에서의 자기 발달론이 초기 헤겔의 그것과 가깝다는 것을 지적하고 있다 — 하버마스도 자기의 의사소통 행위 이론을 사회 심리학적으로 근거 짓는 데서 미드의 상호 행위 이론을 참조하고 있다. 미드는 사람이 성장 과정에서 '일반화된 타자the generalized other'의 관점을 몸에 익혀가는 것에 주목한다. '일반화된 타자'의 관점으로부터 자기가 사회의 분업 체제 속에서 짊어져야 할 역할을 인식하고, 그에 의해 자기의 행동을 제어하게 되어간다. 그리하여 행위 규범을 내면화해 가는 가운데 점차 사회의 자기 정체성 = ⟨me⟩이 형성된다.

미드에 따르면, 자기와 관계하고 있는 자로서 '타자'를 인정 = 인식recognize하지 않는 한에서 우리는 자기 자신을 인식할 수 없다. 우리는 인격적인 존재인 '자기'의 일을 생각할 때, '나는 ○○의 아버지다', '나는 △△와 계약 관계에 있다', '◆◆는 나에게 신경 쓰고 있다', '나는 ●●보다 나이가 위다', '■■는 내가 X의 역할을 할 것을 기대하고 있다'라는 식으로 '타자'와의 관계성을 고려한다. '타자'와의 관계를 빼놓고서는 자기 자신을 인격적인 존재로서 표상할 수 없다. 그러한 나의 존재와 불가분의 관계에 있는 '타자'들로 이루어진 '공동체community' 속에서 '인정' 되지 않는 한에서 우리의 자기self는 유지될 수 없다.

공동체 속에서의 역할로서 주어져 있는 ⟨me⟩에 대한, 개인으로서의 나의 무의식적·정서적 반응을 미드는 ⟨I⟩라고 부른다. ⟨I⟩가 사회로부터 주어지는 ⟨me⟩에 대해 불만을 지닐 때, 갈등이 생겨난다. ⟨I⟩와 ⟨me⟩의 불일치는 강한 긴장을 강요하지만, 반면에 그것이 계기가 되어 나 개인이 자발적으로 사회적으로 책임을 지닐 수 있는 주체로서 성장해 가는 계기가 생겨나는 동시에 구성원들 사이에서의 문제 해결을 위한 의사소통을 촉진하고 사회가 좀 더 고도로 조직화해 가는 것으로 이어진다.

헤겔의 인류 발전론을 사회적 행위론·역할론이라는 형태에서 기능주의적으로 바꿔 읽고 탈형이상학화 했다는 점에서 호네트는 미드를 평가한다. 미드의 경우에도 세 개의 인정 형식이 상정되고 있다고 한 다음, 호네트는 미드의 논의를 근거로 하여 제3의 형식을 시민 상호 간의 '연대Solidarität'로서 다시 파악하고, 세 개의 형식 각각에서의 현대와 통하는 현실적인 문제의 모습들을 그려내고 있다. '사랑'에 대해서는 성장기에서 부모 자식 관계의 왜곡과 신체적 학대 등을 경험하면, 신체적 통합 감각을 충분히 획득할 수 없다. '자기 신뢰Selbstvertrauen'를 결여하고 자기 자신의 신체와 정서를 잘 제어할 수 없게 된다. '법'에 대해서는 19세기 이후의 참정권과 교육을 받을 권리, 사회권 등을 둘러싼 사회 운동, 또는 20세기 미국에서의 공민권 운동을 통해 표면화했듯이 사람들은 권리를 박탈당한 상태로 되면 사회적 통합으로부터 배제되어 있다고 느끼고, '자기 존중Selbstachtung'을 얻을 수 없으며, 사회적인 수치를 느끼게 된다. '연대'에 대해서는 자기 자신의 사회적 지위와 자기가 속하는 사회적 집단 때문에 공공 공간에서 '명예'를 손상당하는 것과 같은 경험을 하게 되면 '자기 평가Selbstschätzung'가 낮아진다는 문제가 있다.

당연한 일이지만, 세 개의 인정 형식에 대응하는 문제는 따로따로 떨어져 작용하는 것이 아니라 복합적인 관계에 놓여 있다. 법적으로 평등하게 인정되지 않으면, 사회적으로 평가받는 지위에 나서는 것이 어려워지며, 가족이나 친구 관계 속에서 사랑이 있는 관계를 구축하는 것에도 지장이 생길 위험이 있다. 사랑에 의해 자기 신뢰를 얻을 수 없으면, 공공 공간에서 타자로부터 평가받는 행동 방식을 몸에 익히는 것이 어렵게 되고, 시민으로서의 권리를 요구하는 투쟁에 참여하기 위해 자기 자신에게 동기 부여할 수 없을지도 모른다. 이러한 어려움들로 인해 각 사람의 인격 발전과 사회 통합은 저해되게 된다. 그러나 그러한 부정적인 경험이 '인정을 둘러싼 새로운 투쟁'의 계기가 되어 사회 발전을 촉진하는 때도 있다.

새로운 사회 이론의 전개 가능성

호네트의 인정론은 '자유'와 '평등'의 상관관계에 초점을 맞추어 온 사회주의자나 자유주의자의 문제 설정에서는 다루기 어려운 영역에 관한 사회 이론을 전개할 가능성을 개시했다는 점에서 획기적이다. 마찬가지로 '인정'의 중요성을 강조하는 테일러의 그것처럼, 공동체주의적인 요소를 다분히 포함하고 있다고 생각되지만, 호네트는 '연대'의 기반이 되는 가치 공동체가 사람들의 의사소통을 통해 발전해 갈 가능성이 있는 열린 것이라는 점을 강조한다. 또한 사랑의 인정을 강조한다는 점에서, 개인의 자율보다 가족 등의 친밀 관계에서의 상호 의존과 그것에 기초하는 책임을 중시하는 캐럴 길리건(1936~) 등의 돌봄 윤리학과 통하는 것으로 보이지만, 호네트는 인간이 특수한 타자들과의 친밀 관계성을 넘어서서 보편적인 도덕 원리를 지향하게 된다는 것을 주장하는 하버마스의 의사소통적 이성을 지지하는 입장을 취하고 있다. 호네트 자신의 인식에서 세 개의 형식을 포함하는 인정론적 접근은 정치 철학적으로는 자율을 중시하는 칸트주의적인 자유주의자와 공동체주의자 사이에 위치하고, 도덕 발달론적으로는 돌봄의 윤리와 의사소통적 행위 이론을 매개하는 것으로서의 성격을 지니는 듯하다.

규범과 역사

로티의 '프래그머티즘'으로부터의 관점

현대 철학에서 가장 영향력이 있다고 여겨지는 것은 철학적 명제를 구성하는 논리와 언어의 분석에 힘을 기울이는 영미의 분석 철학이지만, 그 가운데 네오프래그머티즘이라고 불리는 조류가 있다. 네오프래그머티즘이란 문자 그대로 프래그머티즘적인 사유를 부활시키고자 하는 시도이며, 그것을 명확히 내걸고서 분석 철학 안에 정착시킨 것은 조금 전에 이름을 거론한 로티다.

분석 철학은 수학과 물리학 등의 자연 과학처럼 경험적으로 인식할 수 있는 물리적 사실과 선험적 논리 법칙의 조합에 의해 분석 대상을 정확히 기술할 것을 이상으로 하며, 그러한 체계를 구축하고자 해왔다. 인간 마음의 움직임이나 행위, 의사소통에 대해서도 자연 현상처럼 물리적 인과 관계, 뇌 안의 '자극-반응' 메커니즘에 의해 설명할 수 있다는 전제에 선다. 그에 대해 로티는 인간의 행위란 인과 관계로 환원될 수 있는 것이 아니라 언어적인 네트워크 속에서 구축되는 사회적 실천, 각 사람의 행동을 정당화하는 기준에 의해 규정되는 부분이 크다고 주장한다.

인간의 행위를 비물리학적인 관점에서 다시 파악하고자 하는 시도는 미국 분석 철학의 유력한 이론가인 윌러드 반 오먼 콰인(1908~2000)과 도널드 데이비슨(1917~2003)에게서도 부분적으로 보였지만, 로티는 분석 철학과는 다른 수법의 필요성을 호소했다는 점에서 일관되고 있다. 그는 인간의 행위 연관을 해석하는 데 19세기의 독일에서 헤겔의 친우였던 슐라이어마허 등에 의해 개척된 해석학의 수법이 유효하다고 시사한다.

그러한 자기의 입장을 로티는 '프래그머티즘' 전통을 계승하는 것으로서 자리매김한다 — '프래그머티즘'의 개요에 대해서는 우오즈 이쿠오魚津 郁夫『프래그머티즘의 사상』(치쿠마 학예문고), 졸저『프래그머티즘 입문 강의』(작품사) 등을 참조할 수 있을 것이다. '프래그머티즘'은 정신/물질 (신체), 주체/객체, 이상(관념)/현실을 명확히 구분하여 한편으로 다른 한편을 설명하고자 하는 이항 대립적인 발상을 하지 않기 때문에, 자연 현상을 모델로 하여 인간을 정확히 파악하는 데 구애받지 않는다. 자기가 살아갈 필요로부터 다양한 목적을 추구하는 살아 있는 몸뚱이의 인간이 직면하는 문제를 어떻게 해결할 수 있을 것인가에 관심을 집중하고, 오로지 그 관점에서 현상을 기술한다.

'정신' 발전론과의 거리

초기에 헤겔 연구에 종사하고 있었던 존 듀이(1859~1952)나 그와 친구 관계에 있고 공동 연구자이기도 했던 미드는 인간의 개개 행위를 각각 독립된 것으로서가 아니라 습관화된 삶의 영위로서 연쇄를 이루고 있는 것으로서 파악하고자 했다. 듀이에 따르면, 우리의 행위는 자율적인 주체 의 그때그때마다의 판단으로 결정되는 것이 아니라 습관화된 연쇄 속에서 행위 A의 뒤에는 많은 경우 B, 이따금 C가 이어지는 식으로 패턴화되어 가장 적절한 결과에 이르게 되어 있다. 그 연쇄가 무언가의 장애에 의해

중단될 때 비로소 주체는 자기와 대상의 관계를 의식하고 문제를 해결하고
자 한다. 그 연쇄에 주위 환경과 다른 주체와의 관계가 불가피하게 관여하게
된다. 미드에 따르면, 각각의 주체가 자기 자신을 주체로 의식하는 것은
다른 주체의 눈길을 의식하고 그것에 대응하고자 할 때이다. '프래그머티
즘'에서는 자기 완결적으로 자율적인 주체가 개별적으로 존재하는 것이
아니라 사회적·역사적인 행위 연쇄 속에서 그때그때의 상황에 따라 일어
서는 것이다.

　이러한 견해는 어떤 의미에서 헤겔의 '정신' 발전론과 유사하다. '정신'
발전의 보편적·역사적 방향성을 (형이상학적으로) 상정하는 헤겔과 실제
로 문제 해결할 수 있는지를 진리의 기준으로 삼는 프래그머티즘은 언뜻
보아 정반대인 것으로 보인다. 그러나 자율적인 이성적 주체를 전제로
생각하는 칸트와 달리 헤겔은 정신/물질, 주체/객체, 이상/현실의 구별을
넘어서서 작용하는 '생성'의 논리를 탐구했다. 헤겔에게 주체의 개개
행위는 각각 별개로 성립하는 것이 아니라 언제나 자기의 전후 행위
그리고 주위의 물리적 대상의 상태와 운동, 다른 주체들의 행위와 연관되어
있다. 주체들의 행위가 축적되어 나감에 따라 사회 전체가 발전해 간다고
보는 프래그머티즘의 대표적 논객들도 주체들의 실천이 상호 긴밀히
연관되어 하나의 흐름을 형성하고 있다는 것을 전제로 하고 있다. '정신'을
둘러싼 형이상학적·실천적 논의를 굳이 도외시하거나 사회학적으로 바꿔
읽으면, 헤겔과 프래그머티즘의 거리는 의외로 가깝다고 할 수 있을 것이
다.

브랜덤의 규범 형성과 '화용론'

　'네오프래그머티즘'의 선도자였던 로티는 분석 철학에 하이데거와 해석
학 등, 인간 행위에 특유한 논리를 탐구하는 이론의 계보를 받아들이는

것과 프래그머티즘의 개량주의적 좌파로서의 측면을 재확인·복권하는 데 힘을 기울였지만, 헤겔과의 관계는 그다지 강조하지 않았다. 그러나 그 이론적 후계자로 여겨지는 로버트 브랜덤은 헤겔을 염두에 두면서 자기의 이론을 전개하고 있다는 점을 분명히 말하고 있다.

그의 주저 『명시화하기 *Making it Explicit*』(1994)에서는 '규범 norms'이 어떻게 형성되는가 하는 것이 '화용론 pragmatics'의 관점에서 탐구되고 있다. '화용론'이라는 것은 문맥이나 관계성에 의해 변화하는 언어의 사용 방식을 탐구하는 언어학의 한 분야인데, 프래그머티즘의 창시자인 철학자·논리학자 찰스 샌더스 퍼스(1839~1914)와 미드 등의 영향을 받은 철학자·기호학자 찰스 모리스(1901~79)에 의해 통사론이나 의미론과 나란히 서는 기호학의 한 분야로서 제창되고, 그 후 일상 언어학의 철학자 존 오스틴(1911~60)과 폴 그라이스(1913~88)의 언어 행위론적인 접근을 통해 이론적인 기초를 부여받아 언어학의 한 분야로서 점차 발전했다. 브랜덤에게 영향을 주고 있는 하버마스는 의사소통적 행위를 가능하게 하는 보편적 조건, 특히 규범의 형성에 관한 문제를 철학적·사회학적으로 탐구하는 것을 '보편 화용론 Universalpragmatik'이라고 부르고 있다. 브랜덤도 이러한 의미에서 '화용론'이라고 말하고 있다. 다만 하버마스와 달리 브랜덤은 '보편(적)'이라는 형용사는 붙이고 있지 않다. 이 점은 조금 후에 이야기하는 '규범'의 본질을 둘러싼 양자의 견해 차이와 관련된다. ⟨pragmatics⟩와 '프래그머티즘 pragmatism'은 '사실', '행위'를 의미하는 그리스어 ⟨pragma⟩를 어원으로서 공유하는데, 기본적으로 관계가 없다는 것이 보통의 견해이긴 하지만, 인간 행위의 연쇄와 결부시켜 언어를 파악하는 프래그머티즘의 언어관이 모리스 등을 통해 일정한 영향을 주고 있다고 볼 수도 있다. 브랜덤은 그러한 양자의 연결을 의식하면서 논의를 진행하고 있다.

브랜덤은 '규범'을 선험적 도덕 법칙으로부터 도출되는 것도 아니고 물리적 인과 관계에 기초하는 — 다른 인간으로부터 시인받고 결과적으로 자신에게 쾌락을 가져다주는 행동을 선택하는 것과 같은 형태의 — 행동 패턴으로부터 파생하는 것도 아닌, 언어적 관습＝실천practice 측면에서 파악하고자 한다. 간단히 말하면, 게임의 규칙(규범)이 어떻게 언어적 의사소통을 매개로 하여 형성되는가 하는 문제로서 생각한다. 우리는 하루하루의 사람들을 상대로 하는 행위에서 자신과 상대방이 어째서 그렇게 하는 것인지, 왜 그렇게 해야 하는지 이유reason를 서로 주고받는다. 예를 들어 A 씨는 비즈니스에서 자신의 사적인 사정에 대해 언급하지 않기로 하고 있는데, 그 이유로서 그것이 그 상대방과의 신뢰 관계를 안정적인 것으로 만드는 데로 이어지기 때문이라는 이유를 들고 있거나 그렇게 추측할 수 있는 행동을 하고 있다고 한다. 실제로 A 씨는 비즈니스에서 자신의 사적인 사정에 대해 언급하지 않는 동시에 신뢰 관계를 안정시키기 위해 그것과 밀접히 관련되는 다양한 것들— 예를 들어 개인적 사정으로 사업 동반자를 귀찮게 하지 않는다든가 자신의 사생활에 대해 말하지 않음으로써 다른 문제를 불러일으키지 않도록 하는 것 등 — 에 신경 쓰고 있고, 수미일관하게 그렇게 하고 있다고 한다. 그렇게 하면 A 씨의 사업 동반자인 B 씨는 A 씨의 행동을 관찰하는 동안에 A 씨가 '사업에 사생활을 끼워 넣지 않는다'라는 규칙(규범)을 약속하고 있으며, 그 규칙에서 생기는 귀결에 책임을 지고자 하고 있고, 따라서 A 씨는 그 약속을 실행할 자격이 있으며, 나아가서는 타인에 대해서도 자신과 같은 모습으로 행동하도록 요청할 자격이 있다고 인정하고, 자신과 A 씨와의 관계에서 그 점을 염두에 두고서 행동하게 될 것이다.

A 씨의 행위를 기록하고 그의 규범적 약속의 내용과 그 귀결에 대해 추론하는 B 씨의 역할을 브랜덤은 점수 기록원scorekeeper이라고 부른다. B 씨의 행위에 관해서도 A 씨가 점수 기록원을 맡으면, 양자의 언어 게임 속에서 각종의 규범적 규칙이 형성되게 된다. 이러한 두 사람의 주체 사이의 점수 기록을 매개로 한 주고받음으로부터 규범적인 요소를 포함한 언어 게임의 규칙이 형성된다는 것을 논증하고자 하는 브랜덤의 화용론＝프래그머티즘적인 접근은 규범이 선험적인 것이든가 경험적인

것이든가 하다는 전통적인 문제를 회피함과 동시에 이유에 기초하는 인간의 행위를 물리적 인과 관계와 모순되지 않는 형태로 설명할 수 있다는 점에서 참신한 것으로 주목받고 있다.

주체성의 역사적 발전을 강조

브랜덤은 약속commitment의 점수 기록이 사회를 제어하는 규범 형성으로 이어진다는 자기 아이디어가 헤겔에게서 자극받은 것이라고 여러 곳에서 분명히 말하고 있다. 그는 논문 「헤겔 관념론에서의 몇 가지 프래그머티즘적인 관점」(1997)에서 『정신현상학』의 '주인/노예' 변증법을 개진하는 구절들에서 제시된 헤겔의 '상호 인정'론이 약속과 그것에 수반되는 책임의 수용을 상호적으로 행함으로써 규범이 형성될 가능성을 제시하고 있다고 지적한다. 타자를 인정하는 것은 그러한 타자들과 '나' 자신을 포함하는 규범적 공동체를 상정한다는 것을 함의한다.

상호 인정은 헤겔에게서 규범적인 것을 그것 자체로서 인지 가능하게 하는 구조다. 나는 그렇게 주장해 왔다. 상호 인정은 그 전형적인 사회적 형태에서 자기의식을 지닌 개인들의 자기(약속과 책임의 주체)와 그들의 공동체(서로의 약속을 인정하고 서로 평가하며 서로를 책임 있는 존재로 간주함으로써 결합해 있는 자기들)를 창설하는 것이다.

앞에서 본 호네트의 초기 헤겔 해석과 마찬가지로 프래그머티즘도 역시 상호 인정을 통해 윤리적인 관계성이 형성되며, 각 사람이 단지 동물적 욕구에 따라서 행동하는 생물로부터 규범적 판단 능력을 갖춘 주체로 된다고 보는 것이다. 다만 브랜덤의 경우, '인정'에 의해 규범적 관계성이 일거에 형성되는 것이 아니라 서로를 약속과 책임을 짊어진 존재로 보고서 점수를 기록하는 과정이 출발할 뿐이다. 점수 기록에 따라 규범적인 것이 점차 고정화되고, 각 사람의 행동은 좀 더 자율성이 높아져 간다. 이쪽이 주체성의 역사적 발전이라는 면이 강조되고 있다는 점에서 좀 더 헤겔적일지도 모른다. 경험적 심리학이나 사회학과의 친화성도 높을 것이다. 『철학에서의 이성』(2009)에서는 칸트와 헤겔, 특히 헤겔의 (언어를 매개로 한 사회적 실천과 결부된) '이성'관을 자기의 프래그머티즘 적인 '이성'관으로 끌어들여 재해석할 것을 시도하고 있다.

하버마스의 보편적 의사소통론

이러한 브랜덤의 시도에 대해 하버마스는 『진리와 정당성』(1999)에서 큰 줄거리에서는 호의적으로 받아들이면서도 몇 가지 이론 구성상의 난점을 지적하고 있다. 우선 브랜덤의 '점수 기록원'이 갖다 붙이는 기록은 상대방이 어떠한 이유에 기초하여 행위하는 것인지 구별하는 기준을 지니지 않는 것으로 보인다는 점이 있다. 현실적인 이익을 추구한다든지 일어날 수 있는 문제를 피하려고 그렇게 하는 것인지, 적극적인 이유는 없음에도 단지 지금까지 그렇게 해왔기 때문이라는 습관적 이유에 의한 것인지, 아니면 도덕적 이유에 의한 것인지 사회적 규범이 확정되기 이전의 '점수 기록원'에게는 구별할 방법이 없다. 그렇다면 점수 기록원은 무슨 까닭에 그리고 어떻게 해서 규범 형성으로 이어지는 이유를 그것과는 다른 종류의 이유로부터 구별하는 것인가? 아니, 본래 구별하지 않는 것인가? 브랜덤은 규범과 사실의 경계선을 상대화하고자 하는 것으로 보이지만, 그렇다면 생물로서의 인간 행동의 연쇄로부터 어떻게 해서 '규범'이 세워지게 되는 것인가 하는 중요한 점이 모호해지고 만다.

'점수 기록'이 사람들의 행동과 (본인의 자기 신고에 의한) 그 이유만을 근거로 행해지고, 그에 대한 비판적 고찰을 반드시 포함하는 것이 아니라면, 특정한 사회에서 사람들의 생활에 밀착해 있는— 그런 까닭에 당사자들로부터 의심받지 않는— 기존의 규칙을 그대로 규범적 사실로서 시인하게 될 가능성이 있다. 물론 해당 사회에 속하지 않는 사람이 새롭게 참여하여 다른 패턴의 '점수 기록'이 시작됨으로써 기존의 규칙이 비판되고 수정될 가능성도 있지만, 브랜덤의 틀에서 그 필연성은 상정되어 있지 않다. 복수의 '점수 기록'이 상호 간에 비판하며 수렴해 가는 도정은 보이지 않는다.

그리하여 하버마스는 명확히 도덕적인 의미를 지닌 규범이 형성되기 위해서는 사람들의 삶이 영위되는 생활 세계에서의 기존의 규칙을 비판적으로 다시 묻고 보편성을 지향하는 의사소통이 불가결하다고 시사한다. 요컨대 자기 눈앞의 타인이 어떻게 행동하고 있는지 관찰·기록(기억)할 뿐만 아니라 그것이 적절한 것인지 자기 자신의 관점에서, 그리고 제3자의 관점에서 다시 묻고 서로 토의하는 것이 필요해진다. 적어도 상대방이 자기의 물음에 대해 어떻게 반응할 것인지 시뮬레이션하지 않으면, '점수 기록'은 현 상황의 규칙을 다시 묻는 것으로는 이어지지 않는다. 이 경우의 제3자라는 것이 생활양식과 가치관을 공유하는 사람들의 공동체 구성원이라면 현 상황 변혁으로 이어질 가능성은 그리 높지 않다. 그러나 '언어'— 당연히 모국어만이 아니라 모든 인간의 언어가 포함되는— 에 의해 자신들과 토의할 가능성이 있는 모든 사람을 포함하는 가상적 공동체를 상정하고, 그 가상적 공동체의 구성원으로부터의 비판에 답할 수 있는 '이유', 누구의 눈으로 보아도 공정하다고 받아들여질 수 있는 이유를 탐구하는 것이라면, 현 상황 변혁의 가능성이 열린다.

하버마스는 『의사소통 행위 이론』 이후 인간은 사회적 문제를 해결하는 토의를 할 때 명확히 의식하고 있지는 않더라도 모종의 형태로 그러한 보편적이고 가상적인 의사소통 공동체를 상정하고 있으며, 그 구성원들의 관점을 취하고 있다고 주장해 왔다. 그것은 '너의 의지의 준칙이 언제나 보편적 입법의 원리로서 타당하도록 행위하라'라는 형태로 정식화되는 칸트의 정언 명령을 의사소통 이론적으로 재해석하는 도덕관이다. 요컨대 자기의 의지를 지배하는 준칙(기본 원리)의 보편적 수미일관성을 자신의 이성만으로 검사하는 것이 아니라 보편적인 도덕적 의사소통 공동체를 긍정하는 구성원들의 관점에서 검사하는 것이다.

도덕의 보편성

물론 단지 그러한 공동체를 상정할 뿐이라면 공허하다. 그러나 서로 다른 문화적·역사적 배경을 지니는 사람들의 접촉을 통해 사람들의 의사 소통 경험이 풍부해지면, 점차 실질적인 의미를 지니게 된다고 기대할 수 있다. 하버마스는 우리의 현실적인 '의사소통 — 토의'가 점차로 보편적 의사소통 공동체에 다가갈 가능성을 제시했다는 점에서, 헤겔 역사 철학의 유효성을 인정하고 있다. 간명하게 정리하자면, 의사소통 이론적으로 재해석된 칸트의 도덕 철학과 '인륜'(역사적으로 형성되어 온 사회 규범)의 발전을 둘러싼 헤겔의 역사 철학을 융합하는 것이 하버마스가 지향하는 바다. 그러한 하버마스적인 견지에서 보면, 헤겔의 상호 인정론에서 새로운 도덕 철학의 가능성을 발견하고자 하는 호네트와 브랜덤의 논의는 현실 사회에서의 관계성과 접점을 지니기 어려운 칸트 철학의 약점을 극복하고 자 한 초기 헤겔의 시도를 아는 데서 의의가 깊지만, 기존의 '인륜'을 보편적인 관점에서 비판적(의사소통 이론적)으로 다시 파악해 가는 칸트 주의의 강점을 헤겔이 상실하고 말았다는 것을 예기치 않게 폭로하는 것이다.

의사소통 형태의 발전을 중시하는 하버마스의 헤겔주의와 인격으로서 의 상호 인정을 중시하는 호네트와 브랜덤의 헤겔주의 사이의 차이는 헤겔 해석의 틀을 넘어서서 (사실과 다른) 규범이 어떻게 해서 생성하는 것인지, 도덕의 보편성은 무엇에 의해 담보되는 것인지를 둘러싼 현대 철학의 중요한 주제를 제시하고 있다.

'안티고네'를 둘러싼 투쟁

'법 대 도덕' 또는 '실정법 대 자연법'

『정신현상학』에서 '주인/노예' 변증법과 스토아학파를 논의한 부분 잠시 뒤이자 '교양'과 '계몽'에 관한 기술의 조금 앞에서는 '법'에 대해 논의하고 있다. 거기서는 소포클레스의 『안티고네』가 예로서 인용되어 있다. 『법철학 요강』에서도 『안티고네』로부터의 인용이 보인다.

안티고네는 오이디푸스와 그의 친어머니이자 아내이기도 한 이오카스테 사이에서 태어난 딸이다. 자신의 출생 비밀을 안 오이디푸스가 자기의 눈을 찌르고 테바이 도시를 떠나 방랑의 길로 나서게 되자 안티고네는 동생인 이스메네와 함께 그를 좇으며, 오이디푸스의 사후에 테바이로 돌아온다. 그러자 그녀의 오빠 가운데 하나인 폴뤼네이케스가 테바이의 왕위를 되찾기 위해 이웃 나라의 힘을 빌려 테바이를 공격한다. 그에 반해 또 한 사람의 오빠인 에테오클레스는 테바이를 방어하는 군대에 가담했다. 두 사람은 서로 싸우게 되고 전사한다.

그녀는 두 사람의 오빠를 애도하고자 했지만, 숙부이자 테바이의 새로운 지배자가 된 크레온은 국가에 대한 반역자인 폴뤼네이케스를 매장한다든지 장례를 치르는 것을 모두 금지했다. 안티고네는 오빠에 대한 애정에서 이 금지령을 깨트리고 폴뤼네이케스를 매장했다. 크레온은 그녀를 잡아들이고 벌로서 지하에 유폐하여 굶어 죽게 했다. 안티고네는 지하 감옥에서 자해하고, 크레온의 아들이자 그녀의 약혼자였던 하이몬도 자해한다. 더 나아가 아들이 죽은 것에 절망한 크레온의 아내도 뒤를 따른다.

이 이야기의 사상적인 핵심을 이루는 것은 국가(폴리스)의 법에 대한 복종을 요구하는 크레온과 인간이 만든 법을 넘어서는 신들의 법, 육친에 대한 자연스러운 애정을 따라 행동할 것을 명령하는 법에 따라야 한다고 하는 안티고네의 대결이다. 이 일화는 법철학에서 '법 대 도덕' 또는 '실정법 대 자연법'의 대립 관계나 국가에 대한 시민의 충성 의무를 주제화한 고전적인 사례로서 자주 인용된다. 횔덜린(1770~1843)과 베르톨트 브레히트(1898~1956) 그리고 조지 스타이너(1929~) 등, 많은 문학자와 철학자가 이것을 번역·번안·상연한다든지 평론을 썼다. 하이데거와 라캉도 독자적인 안티고네 관을 제시하고 있다.

'공동체적 심정'과 '범죄'를 저지르는 자

『정신현상학』에서 헤겔은 우선 사람들의 자기의식을 방향 짓고 상호 간에 관계 지으며 공동체의 질서를 만들어 내는 매체로서 '법Recht'을 자리매김하고 있다. 그는 '법'의 인륜＝공동체적인 역할을 묘사하기 위해 안티고네의 말을 인용하고 있다. 너는 법을 깨트렸다고 힐난하는 크레온에 대해 그녀는 말했다.

어제와 오늘의 것이 아니라 어느 때에도 언제나 살아 있는 것이 신들의 법이며, 그것이 언제부터 있는 것인지 누구도 알지 못합니다.

이 구절을 문자의 뜻 그대로 취하면, 영원한 신들의 법을 시사하고 있는 것으로 보이지만, 전후 맥락에서 보아 헤겔이 이 인용에서 말하고자 한 것은 공동체의 그때그때마다의 힘 있는 자의 생각으로 마음대로 조작할 수 있는 것이 아니라 공동체를 구성하는 개개 구성원의 자기의식의 형성에 선행하고 자기의식 속으로 침투해 있는 법이 있다고 하는 것이다. '법nomos'은 해당 공동체와 함께 역사적으로 생성하고 공동체의 구성원들에게는 마치 '선험적'으로 존재하는 것으로 보이지만, 푸코가 '역사적 선험'이라고 부르는 것과 같은 성질을 띠는 것이다.

이 구절에 이어서 헤겔이 『안티고네』로부터 인용하는 것은 '공동체(인륜)적 심정die sittliche Gesinnung'과 '범죄Verbrechen'를 저지르는 자의 자기의식의 관계를 논의하는 맥락에서다. 헤겔은 아래의 안티고네 대사를 인용하고 있다.

　　우리가 괴로워하는 것은 우리가 죄를 저질렀다고 인정하기 때문이겠
　지요.

해당 구절을 이렇게 번역하는(해석하는) 것은 부정확하지만, 이 점에 대해서는 조금 뒤에서 설명하기로 한다. 이 인용의 전후에서 헤겔이 말하고자 하는 것은 자각적으로 공동체의 '법'을 침범하는 것은 자신이 그 공동체의 일원이라고 자각하고 있음을 함의한다는 것이다. 보통 자신이 공동체의 구성원이라고 그다지 자각하고 있지 않은 사람도 범죄자가 되는 순간에 그 점을 의식한다. 그 주위의 사람도 자신들이 공동체의 구성원이라는 것과 인륜(도덕적·법적 규범)을 새삼스럽게 인식하게 된다. 이를테면 범죄는 공동체가 성립될 수 있게 하는 인륜의 경계선을 의식화하고 공동체를 재구성하는 역설적인 작용을 하는 것이다.

안티고네의 '인정하다'라는 대사의 원어(독일어)는 〈anerkennen〉이다. 그렇다면 '주인/노예'의 변증법에서 생겨난 '인정' 관계가 여기서 다시

생겨난다. 안티고네는 폴리스의 법을 의식하고서 저질렀기 때문에, 의도치 않게 그 법의 존재를 '인정'하게 된 것이다. 이 대사에 대해 헤겔은 다음과 같이 언급하고 있다.

　　이 인정은 인륜(공동체)의 목적과 현실과의 분열이 지양되었다는 것, 정의das Rechte 이외의 것이 타당한 것이 아니라는 것을 아는 공동체적 심정으로의 회귀를 나타낸다. 그러나 그와 더불어 행위하는 자는 자기의 배역과 자기의 현실성을 방기하고 몰락으로 향하게 된다. 그의 존재는 법률Gesetze을 자기의 본체Substanz로 간주하여 그것에 종속해 있지만, 스스로와 대립하는 법을 인정하게 되면, 본체가 본체가 아니게 되기 때문이다.

고차적 관점에 서서 '종합'

'지양'의 원어인 〈aufheben〉이라는 것은 통상적인 독일어에서는 단지 '그만두다'라는 의미이지만, 말이 만들어진 방식에서는 '위로 끌어올린다 auf+heben'라는 의미로도 취할 수 있는 까닭에 헤겔은 이것을 서로 모순되는 두 가지 요소를 고차적인 관점에 서서 '종합'함으로써 해결로 가져온다는 의미로 사용하고 있다. 그야말로 유명한 헤겔 용어다. 전체적으로 표현하기는 어렵지만, 여기서 헤겔이 말하고자 하는 것은 분명하다. 죄를 저지르는 자는 저지르는 순간에 자신의 죄의식을 통해 공동체의 일원으로서의 자신의 본체가 무엇인지 알지만, 그것은 자신과 같은 죄를 저지른 존재를 부정하는 '법률'을 (간접적으로) '인정'하는 것이기도 한 까닭에, (공동체의 일원으로서의) 자기의 존재 자체를 부정하게 된다. 법률에 의해 현실적으로 처벌받기 전에 이미 자기 자신이 자기의 공동체에 의해 근절되어야 할 존재임을 '인정'하지 않을 수 없게 되는 것이다.

이 뒤의 구절에서 헤겔은 폴뤼네이케스와 에테오클레스의 싸움에 대해서도 언급한다. 두 사람의 형제가 우연히 한편은 폴리스를 지키는 측, 다른 한편은 공격하는 측이 된 것에 의해 폴리스를 지키는 '법'의 엄격함, 즉 가족이라는 자연적인 유대보다 우선시되고 가족의 유대를 끊는 폴리스의 '법'의 특권적 지위가 떠오르게 된 것이다. 그보다 조금 뒤의 구절에서는 정부가 실현하고자 하는 공동체Gemeinwesen의 일반 이익을 주로 짊어지는 것이 '남성성Männlichkeit'인 데 반해, 가족 등의 사적 이익을 공공적인 것보다 우선하기 위해 다양한 음모를 꾸미고 공동체의 기반을 무너뜨릴 위험을 지닌 '여성성Weiblichkeit'을 대치시키고 있다. 헤겔이 안티고네를 그러한 '여성성'의 상징으로 보고 있는 것은 틀림없을 것이다.

가족의 사적 이익이나 관습과 국가의 공적 이익 내지는 보편적 법을 분리하고, 가능하면 전자를 후자에 종속시키는 것은 '법'의 주요한 기능이다. 안티고네는 단지 공동체에 대해 죄를 저질렀을 뿐만 아니라 '법'의 공공성의 대항 원리인 가족의 유대를 대표하는 형태로 죄를 저지름으로써 '법'의 본질을 이중의 의미에서 드러낸 것이다.

이처럼 안티고네의 행위를 본인의 의지와는 관계없이 '법'의 보편성을 인정하는 것으로 이해하는 헤겔의 해석은 철학적으로는 매력적이지만, 페미니즘적으로는 여성적인 것을 비공공성의 화신으로 보는 것에 대해서는 이론異論이 있을 것이다. 버틀러는 『안티고네』를 포스트 페미니즘적으로 독해할 것을 시도한 『안티고네의 주장』(2000)에서 반론을 시도하고 있다.

버틀러의 정신분석적 해석

버틀러에 따르면 헤겔과 라캉은 같은 역할을 '안티고네'에게 배당하고 있다. 헤겔이 국가의 법에 대항하여 좌절하는 여성의 역할을 주는 데 반해, 라캉은 그녀의 욕망 대상을 조금 복잡하게 해석하고 있기는 하지만,

상징계의 법을 침범하고자 하여 좌절하는 여성의 역할을 부여하고 있다. 어느 경우에도 그 좌절을 통해 '법'의 기능을 해명하기 위한 희생물의 역할을 하는 것이다.

버틀러는 헤겔에 의한 해석에 대해 안티고네가 자신의 죄를 '인정하고', 그에 의해 공동체의 법을 '인정'했다는 점을 문제로 삼는다. 버틀러가 지적하듯이 해당 구절에서 안티고네가 실제로 말하고 있는 것은 '만약 이 일(= 크레온이 취한 조치)이 신의 눈에 좋은 것이라면, 나는 몹시 괴로워 한 끝에 자신의 죄를 깨닫게(인정하게) 되겠지요'라는 것이다. 확실히 독일어의 〈anerkennen〉에 상당하는 〈suggignosko〉라는 동사가 사용되고 있지만, 그것은 조건부다. 더욱이 상당히 야유를 담은 조건이다. 안티고네 자신이 죄의 의식을 지니면서 폴리스의 법을 침범했다고 하는 헤겔의 해석에는 무리가 있다.

버틀러는 그러한 헤겔의 무리한 해석에 정신분석적인 해석을 시도한다. 헤겔은 안티고네의 공동체(인륜)적인 의식에 대해 논의하는 조금 앞의 구절에서 다음과 같이 말하고 있다.

행위자는 범죄와 자신의 책임을 부정할 수 없다. 행위란 바로 움직이는 것을 움직이게 하는 것이며, 그때까지 가능성으로서만 존재하는 것을 표출하고, 무의식의 것과 의식된 것, 존재하지 않는 것과 존재를 결부시 키는 것이기 때문이다. 이러한 진실 아래 행위가 백일하에 드러나게 된다. 행위자는 자기의 행위가 의식된 것과 무의식의 것, 고유한 것과 이질적인 것이 거기서 결부되는 것이라는 점, 의식을 한편의 극으로 포함하는 양극화한 존재라는 점, 그리고 또한 자기의 힘임과 동시에 스스로가 상처를 입고 자기 자신에게 적대적인 것으로서 일깨우는 힘이 기도 하다는 점을 알게 되는 것이다.

탈오이디푸스적인 윤리의 가능성

　범죄에 한정되지 않고 행위라는 것은 일반적으로 그때까지 절반은 무의식의 영역에 있었던 자기의 욕망을 현재화하고 전면적으로 의식화하는 성질을 지닌다. 한 번 해보고서, 실행해 보고서 자신이 본래 무엇을 하고 싶었던 것인지, 어떠한 감정에 의해 그 행위로 동기 부여받고 있었던 것인지 새삼스럽게 알거나, 결과를 보는 가운데 명확히 언어화된 형태로 다음 행위의 동기가 생겨나는 경우가 있다. 공동체의 법에 반하는 행위의 경우 주위로부터 책망받거나 책망받는 것과 같은 느낌이 들기 때문에, 그때까지 '무의식das Unbewußte'의 상태에 머물러 있었던 것과 그것이 의식화된 후의 상태의 대조가 두드러지지만, 의식/무의식의 대립 구조로 변하지는 않는다.

　문제는 그 '무의식'의 내용이다. 헤겔은 그 정체란 안티고네의 마음속에 뿌리를 내리고 있는 공동체의 규범(인륜)의식이라고 해석함으로써 이치를 세우고자 하는 것으로 보이지만, 정말로 그것뿐일까? 버틀러는 안티고네의 '무의식' 속에는 오히려 '폴리스의 법'과 대립하는, 태곳적부터 영원히 존재하는 '신들의 법'이 작용하고 있었다고 해석할 수 있는 것이 아닌지 시사한다. 그 '신들의 법'이라는 것은, 포스트 정신분석적인 견해를 취하자면, 기존의 (남성 중심주의적인) 국가의 법 또는 오이디푸스적인 주체를 사로잡고 있는 법(팔루스=상징계의 법)이 확립되기 '이전'에 작용하고 있었던 원초적 욕망이 따르는 '법'일지도 모른다. '신의 법'에 따르고자 하는 안티고네는 보편적인 자연법의 체현자라고 해석되는 경향이 있지만, 오히려 오이디푸스적인 이성의 주체에게는 이해하기 어려운, 무의식의 영역에 밀고 들어와 있던 다양한 성애와 가족 관계를 허용하는 '법'을 부활시켜 그것에 따르고자 했던 것이 아닐까?

　버틀러의 관점에서 보면, '죄'로 사람들을 유혹하는 '무의식'의 영역에 대해 언급하면서 그것을 억지로 사적인 감정보다 공적 영역의 질서를 우선시하는 남성적인 주체들에게 공유되는 공동체의 법으로서 해석해 버리는 헤겔의 독해 자세는 너무나 성급하고 부자연스럽다. 그것은 소포클레스의 텍스트로부터 그 흔적이 엿보이는, 태곳적부터 우리의 신체 속에서 살아가고 있는 '신들의 법'에 대해 헤겔 자신이 두려움을 지니고 있었기 때문이 아닐까? 소포클레스는 『오이디푸스왕』에서 자신의 아버지 살해와 어머니와의 근친상간을 알고서 벌받는 오이디푸스의 비극을 그리고, 『콜로노스의 오이디푸스』에서 죽음 직전의 오이디푸스와 (그의 딸·자식임과 동시에 누이·동생이기도 한) 안티고네 및 폴뤼네이케스와의 관계성을 그리고 있다. 소포클레스는 (근친상간으로부터 태어난) 안티고네의 언동에서 오이디푸스적인 법이 확립되기 '이전'의 오랜 신들의 법을 불러일으키고자 하는 위험한 것을 느끼고 있었던 것이 아닐까? 그리하여 버틀러는 헤겔에게 대항하여 헤겔의 『안티고네』 독해를 읽음으로써 탈오이디푸스적인 윤리의 가능성을 시사한다.

제4장

'역사'를 보는 관점

헤겔에게서 '역사'와 '철학'

역사를 참조하여 앎의 체계를 구축

제1장, 2장에서 이미 시사했듯이 헤겔의 '역사' 철학은 그의 '철학'관과 불가분의 관계에 놓여 있다. 그것은 인간의 사유와 행위의 '올바른 존재방식'을 가리켜 보이고자 하는, 또는 적어도 그러한 몸짓을 보여주는 '철학' 또는 철학적 이성이 그러한 자신이 서 있는 위치를 어떻게 해서 정당화할 것인가 하는 문제다. '철학'이 단지 상식이나 편견을 의심할 뿐, 사람들이 따라야 할 이성적 사유의 이치(규범)를 보여주는 것에 구애되지 않는 것이라면, 이론적으로 그다지 어려운 곤란한 문제는 없다. 자기 자신의 사유 패턴이 경직되지 않도록 자기비판을 되풀이하는 것만으로 좋은 것이다 — 실제로 그러한 자세를 계속해서 유지하기는 상당히 어려운 일이지만 말이다.

'역사'와 '철학'을 대체로 나누어질 수 없는 것으로 바라보는 헤겔 철학의 사상사적인 의미를 재확인해 두자. 칸트는 인간의 '이성'이 자기 능력을 넘어선 곳까지 주제넘게 나서 우주의 기원이나 신의 본성에 대해 말하고자 하는 경향이 있다는 것을 지적하고, 가장 '이성'적인 영위인

'철학'의 역할을 한계 짓고자 했다. 그리하여 '철학'의 임무를 경험적으로 확인할 수 있는 지각 메커니즘을 탐구하는 인식론의 영역과 도덕의 영역, 미적 가치 판단에 관계되는 영역으로 구분한 다음, 인식론의 영역에서는 구체적인 대상을 인식하는 메커니즘의 탐구에 전념했다. 그러나 그의 뒤를 이은 피히테는 그러한 칸트의 금욕적 태도에 만족하지 않고 인간의 정신 활동 영역 전체를 통일하는 체계를 구축하는 동시에 그 체계를 메타 논리적으로 근거 짓고자 했다. 프랑스 혁명 후의 철학적 정신이 고양되어 있던 시대에는 그러한 장대하고 완성된 앎의 체계를 수립하는 것이 요구된 것이다.

피히테는 (자아 자신을 포함하여) 모든 사물이 그 존재를 자아에 의해 정립 받고 있다는 점과 자아는 그것을 반성으로써 알 수 있다고 하는 두 개의 근원적 사실을 자기 체계의 출발점으로 삼고자 했다. 다만 그에 의해 자아에 있어 자기 자신을 비롯한 모든 사태에 관한 지식은 어떻게 해서 보장되는 것인가, 단순한 자아의 믿음이 아닌가 하는 데카르트 이래의 근대 철학에 항상 따라다니는 근본적 모순을 새삼스럽게 부각하게 되었다. 앎의 기점인 '자아'의, 대상과 자기의 존재 방식에 대해 반성하는 능력이 믿어질 수 없다면, '자아'의 영위인 '철학'의 담론은 모두 의심스러워진다. '철학' 따위란 자기의 일마저도 잘 알고 있지 못한 '나'(우리)의 망상이 아닐까?

셸링은 우리의 '자아'에는 자기 자신에게도 파악될 수 없는 비이성적, 무의식적인 측면이 있다는 것을 인정하고, 순수하게 합리적이고 한눈에 내다보이는 앎의 체계를 구축하는 것은 방기하는 방향으로 나아갔지만, 헤겔은 '역사'를 참조함으로써 현실에 존재하는 '내'가 파악할 수 없는 영역을 합리적으로 파악하고 장대한 앎의 체계를 구축하는 노선을 내세웠다. 즉, 개개의 자아를 포섭하는 인간의 '정신'이 역사적으로 발전해 온 방향성을 더듬어 그것을 미래로 연장해 감으로써 '철학'적 앎의 입각점을 얻고자 한 것이다.

미래는 불확정이라는 문제

(그때그때마다의 '철학'의 영위로 응축되는) 인간의 '앎'의 전반적인 발전 과정과 그 성과가 어떤 철학자가 구축하는 '앎'의 체계가 지시하는 바와 합치한다면, 그 체계는 올바르다고 말할 수 있을 것이다. 합치한다면 그것은 해당 '철학'의 체계가 역사적으로 생성해 온 인간의 보편적인 '앎'을 집약한 것이고, '철학사'의 정점에 서 있기 때문일 것이다. 그러한 자기 자신의 역사적 자리매김을 분명히 하기 위해서는 '역사' 발전의 보편적 방향성을 발견할 필요가 있다. 그것이 헤겔 이후의 '철학'의 새로운 과제가 되었다. 보편적 발전 법칙을 따라 진행되어 가야 할 '역사'와 인간 이성의 결정이자 이성의 활동을 분명히 하는 역할을 짊어지는 '철학'은 상호 의존 관계에 놓여 있다.

그러나 그렇게 하여 '철학'과 '역사'의 상호 의존 관계를 전제로 하면, '철학'은 스스로가 드러내는 역사의 발전 법칙을 정당화하지 않으면 안 되게 된다. 과거의 역사라면 사료 등에 의해 경험적으로 확인할 수 있지만, 미래의 일은 알지 못한다. 미래는 언제나 불확정이다. 거기에 헤겔 '역사 철학'에서의 가장 큰 문제가 놓여 있다. 미래에는 역사적 사실의 인정 방식과 역사의 서술·구성 방식을 포함하여 지금까지 움직이기 어려운 '역사'의 근본적 사실·법칙으로 여겨지고 있었던 것이 모두 다 부분적으로 잘못되었다고 판명될지도 모른다. 그렇게 되면 그것을 뒷받침하고 있는 '철학'도 지적 권위를 잃는다. '역사'와의 일체화는 '철학'에 대해 양날의 칼이다.

그리하여 제2장에서 화제로 삼은 '절대지'가 문제가 된다. 헤겔과 같은 '역사 철학'은 자신이 기술하고 있는 '정신'의 운동이 언젠가 '역사' — '정신'의 입장에서 보면, 자기 자신의 그때까지의 운동 — 의 모든 의미를 아는 '절대지'에 도달한다는 것, 동시에 철학자로서의 자기가 '절대지'에 도달한 '절대정신'과 동일화하여 모든 것을 꿰뚫어 보게 된다는 것을 대전제로 하는 구성을 취하지 않을 수 없다. 그러한 전제를 취하지 않으면, 자기 서술의 모든 것이 공중으로 뜨고 만다. 헤겔은 그 최종적인 입각점의 소재에 대해 『정신현상학』의 마지막 장에서 언급하고 있다. 이 점을 어떻게 평가해야 할 것인가?

이 점은 자기 자신의 입각점의 일을 정직하게 말하는 그의 성실함, 철학적 일관성을 추구하는 자세의 나타남이라고도 보이지만, 또한 자기 입각점의 약함에 직면하여 정색하고 나서 형이상학적·의사 신학적인 상정으로 도피하는 것으로도 생각된다. 그것이 헤겔에 대한 평가의 갈림길로 된다. 맑스는 '철학'과 '역사'의 불가분한 결부를 발견했다는 점에서 헤겔을 평가하는 한편, 역사의 최종 목표를 이성의 추론에 의해 예견하고자 하는 관념론적인 발상은 철저하게 비판하고, 어디까지나 역사적·사회적인 현실을 (거리를 취하면서 비판적으로) 관찰하는 것에 의해 역사 발전의 법칙을 발견하는 유물론적 방법을 제창했다— 어떠한 이념(이론적 가설)도 미리 전제함이 없이 현실을 관찰하여 법칙을 도출한다는 것이 과연 가능한가라는 문제를 새삼스럽게 생각하면, 제3장에서 살펴본 브랜덤–하버마스 논쟁으로 이어진다. 또는 라캉처럼 '절대지'를 자아가 넘어서는 안 되는 경계선을 가리키는 것으로 아이러니하게 이해하는 견해를 취할 수도 있다.

'절대지'의 취급

그에 반해 헤겔을 전문적으로 독해하고, 헤겔에게 고유한 개념과 방법을 억지스러운 '해석'으로 크게 변질시키지 않고서 거의 그대로의 형태로 보존하는 가운데 현대에도 사용할 수 있는 것이라는 점을 보이고자 하는 사람들은 '절대지'의 취급에 고심하게 된다. 위대한 헤겔이 '절대지'의 도래를 예견하고 있었다면, 헤겔의 '역사 철학' 전체가 '계시'로 되고 만다. '절대지'는 도달해야 할 노력의 목표라고 하게 되면, 형이상학·신학이라는 비판은 회피하기 쉽지만, 그렇다면 헤겔의 '역사'의 논술 전체가 단순한 희망적인 억측이 되어버린다. 칸트에게 『세계 시민적 견지에서 본 일반사의 구상』이라는 세계적인 시민 사회가 실현되는 것이 아닌가 하는 기대와 추측에 의한 역사관을 제시한 짧은 논문이 있지만, 그것과 기본적으로 같은 것이 되고 만다. 헤겔의 '역사' 쪽이 좀 더 많은 소재를 받아들여 장대하다는 점이 다르다고 말할 뿐인 너무나 재미없는 이야기가 되어버린다.

　놀랍게도 '절대지'라는 것은 적어도 현대의 철학자가 실체적으로 파악할 수 있는 것이 아니지만, 철학적 사유를 자극하고 이끄는 지도적 이념과 같은 것이자 자기 자신과 사회의 존재 방식을 다시 파악하고자 하는 우리의 반성적·윤리적 사유에 불가피하게 내재한다고 하는 자리매김을 주는 것이 가장 안정감이 있을 뿐만 아니라, 하버마스, 테일러, 호네트, 브랜덤 등의 사이에서 전개되는 최첨단의 논의에도 이어지기 쉬울 것이다. 다만 『정신현상학』에서 '절대지'는 '역사' 속에서 운동해 온 절대정신이 최종적으로 도달하는 자기에 대한 앎이라는 지극히 추상적인 규정밖에 주어져 있지 않기 때문에, 헤겔의 텍스트에만 의지하여 그러한 자리매김을 부여하기는 어려운 것으로 보이기도 한다.

'우리에 대해'

'앎'의 대상이 '의식'의 내용인 경우

'절대지'와 밀접하게 관계되어 있지만, 조금 더 다루기 쉬운 헤겔 철학의 주제로서 '우리에 대해^{für uns}'를 둘러싼 문제가 있다. '우리에 대해'라는 것은 간단히 말하면, '관찰·서술되어 있는 대상 자신에 대해서'가 아니라 그것을 관찰·서술하고 있는 '우리'에 대해 어떠한 것인가라는 관점의 문제다.

헤겔『정신현상학』「서론」의 끝 가까이에서는 아래와 같이 진술되고 있다.

그런데 우리가 앎의 진리를 탐구한다고 하면, 우리는 앎이 그 **자체**에서 *an sich* 무엇인지를 탐구하는 것으로 보인다. 그러나 이 탐구에서는 앎이 우리의 대상인바, 앎은 우리에 대해 존재한다. 그리하여 드러나게 될 앎의 그 자체^{Ansich}는 오히려 그것의 우리에 대한 존재일 것이다. 우리가 앎의 본질이라고 주장하게 될 것은 오히려 그것의 진리가 아니라 다만 그것에 대한 우리의 앎일 뿐이다. 그리하여 본질이나 척도는 우리에게

속할 것이며, 그 척도와 비교되고 이러한 비교에 의해 그에 관해 결정이 내려져야 할 그와 같은 것은 그 척도를 필연적으로 인정할 필요가 없을 것이다.

그러나 우리가 탐구하는 대상의 본성은 이러한 분리나 분리와 전제의 이러한 가상을 넘어선다. 의식은 자기의 척도를 그 자신에서 제공하며, 그리하여 탐구는 의식의 자기 자신과의 비교일 것이다. 왜냐하면 방금 이루어진 구별은 의식 내에 속하기 때문이다.

'앎'이 언제나 상대적이고 관찰·서술 주체인 '우리'에게서의 '앎'에 지나지 않는다는 것, 조금 더 상세하게 말하자면, '우리'의 지각과 교양의 존재 방식에 의존한다는 것은 데카르트 이후의 근대 철학에서 실컷 논의되어 왔기 때문에, 그것 자체로서는 색다른 것은 아니다. 여기서 헤겔이 문제로 삼고 있는 것은 그 '대상'이 '의식'의 내용 또는 '의식' 속에서 생기는 사건인 경우에 어떻게 생각해야 할 것인가 하는 것이다.

물리적으로 실재하는 '대상'이라면, 인식을 위한 '척도', 예를 들면 온도나 길이, 무게를 재기 위한 측정기를 — 현재의 '우리'의 입장에서 보아 — 좀 더 정밀한 것으로 치환함으로써 측정치가 변화하고 이전의 인식이 틀렸다는 것이 판명될 수 있다. 그러한 의미에서 현재의 '우리'에게서의 인식에 지나지 않는 것이 두드러진다. 그러나 '우리' 각각의 의식 내부에서 일어나는 것에 대해서는 '척도'가 외계에서 실체화하여 대상과 직접적으로 비교될 수 없는 까닭에 '틀렸다'라고 '객관적'으로 판명될 수 없다. '대상'으로 되는 의식의 내용, 의식 속에서의 사건을 인식하는 '나(우리)' 자신도 '의식' 안으로부터 생겨나 '의식' 속에서만 활동하는 존재이기 때문이다. '의식'의 내용에 관한 진위의 판정은 누군가의 '의식' 속에서 이루어질 수밖에 없다.

'경험'에서 '우리'의 입장이 형성된다

'나'의 '존재Sein' 또는 '나'라는 '의식Bewußtsein' — '의식'을 의미하는 독일어 〈Bewußtsein〉은 '존재'를 의미하는 〈sein〉을 철자 속에 담고 있다 — 을 정립하는 것은 '나' 자신이기 때문에, '나'에 관계되는 것은 '나' 자신이 파악하고 있을 것이라는 주된 논지를 주장한 것은 피히테다. 피히테에 근거하여 생각하면, '나' 자신의 자기반성을 심화시켜 가면 '의식'의 구조가 해명되게 된다. 헤겔도 여기서 그것과 동일한 것을 말하고 있는 것으로 보이기도 하지만, 그는 '나에 대해'가 아니라 '우리에 대해'라고 말하고 있다. '나' 개인이 자기의 내면을 탐구한다고 하는 단순한 일이 아니다. '우리'로서 상정되고 있는 것은 '철학'이라는 지적 영위에 참여하는 사람들의 공동체 또는 저자 헤겔과 그의 텍스트를 읽고 있는 독자 사이의 잠정적인 공동체로 생각할 수 있다. '우리'는 개인의 '의식'의 내용과 구조 또는 거기서 생기는 현상들에 대해 깊이 감정 이입하는 것이 아니라 오히려 거리를 두면서 무언가의 공유화된 척도에 기초하여 심리학적인 관찰을 하고자 하는 듯하다.

물론 헤겔은 이러한 지적인 관심을 지닌 '우리'의 '의식'과 관찰 대상으로 되는 개개의 '나'의 '의식'을 완전히 분리하여 생각하고 있는 것이 아니다. 헤겔의 서술을 보는 한에서 개개의 '나'가 타자(= 다른 '나')들과 상호 작용하면서 '경험Erfahrung'을 축적함으로써 언젠가 '우리'의 관점에 도달하는 것이 상정되어 있다고 생각된다. 이를테면 사회적·역사적인 '경험'으로부터 '우리'의 입장이 형성되어 가는 것이다.

의식의 본질을 둘러싼 문제를 제기

헤겔에게 '경험'이란 '의식'이 개개의 대상을 알 뿐만 아니라 스스로가

'알고 있는' 상태도 '앎'의 대상으로 하는 것, 다시 말하면 자기반성에 의해 중층화된 앎을 의미한다. 이것은 언뜻 보아 '우리'가 일상적으로 친숙해져 있는 '경험'과 동떨어진 추상적인 정의로도 들릴 수 있다. 그러나 잘 생각해 보면, 그것은 '경험'의 본질을 알아맞히고 있다. 단지 물리적 대상을 지각할 뿐이라면, 동물과 같은 것이지 인간에게 고유한 '경험'이 아니다. 무언가의 형태로 지각한 것을 의식하는 동시에 기억하고, 그 후의 행동에 활용될 수 있도록 하는 것이 아니라면 경험이라고는 말할 수 없다. '앎Wissen'이라는 표현은 추상적으로 들릴 수 있어 조금 마음에 걸리지만, 제2장에서 '주인/노예'의 변증법에 근거하여 보았듯이 헤겔이 말하는 '앎'은 철학과 수학 등의 학문적인 추론이나 사변뿐만 아니라 몸으로 익힌 앎과 기술적 지식과 같은 것이나 언어 등을 매개로 하여 타자와 공유하게 된 '앎'도 포함한다. '경험'이 생기는 것은 어디까지나 개개의 '나'의 '의식' 내부에서이지만, 신체나 타자로부터의 영향이 밖으로부터 가해져 온다. 나중에 무언가에 활용될 수 있는 것인가라는 점은 도외시하고, 지각한 내용의 반성적 처리라는 면에만 주목하면, 헤겔의 정의는 적절하다. 사회 속에서 살아가는 주체들의 '경험'이 축적됨으로써 '우리'의 관점에 ― '의식'적인 것이 대상으로 되는 경우에도 ― 일정한 확실함이 주어지는 것이다.

처음에 대상으로서 현상했던 것이 의식에게 그 대상에 대한 앎으로 전락하고 그 자체의 것이 그 자체의 것의 의식에 대한 존재로 됨으로써 이것이 새로운 대상이 되며, 이와 더불어 또한 의식의 새로운 형태도 등장하는데, 이 새로운 형태에게는 선행하는 형태에서와는 다른 어떤 것이 본질이라는 식으로 나타난다. 이러한 상황이야말로 의식 형태들의 전체 연쇄를 그 필연성에서 이끌어 가는 바로 그것이다. 오로지 이러한 필연성 자체나 의식에게 어떻게 생기하는지 알지 못한 채 의식에게 나타나는 새로운 대상의 발생만은 우리에 대해 이를테면 의식의 배후에서 일어나는 바의 것이다. 그리하여 의식의 운동에는 그 자체의 것의 계기 또는 우리에 대한 존재의 계기가 속하지만, 그 계기는 경험 자체에 붙잡혀 있는 의식에 대해서는 나타나지 않는다. 그러나 우리에게 발생하는 것의 내용은 의식에 대해 존재하며, 우리는 다만 그것의 형식적인 것이나 그것의 순수한 발생만을 파악한다. 의식에 대해서는 이렇듯 발생된 것이 다만 대상으로서 있을 뿐이며, 동시에 우리에 대해서는 운동과 생성으로서 있는 것이다.

여기서 주장되고 있는 것은 ① '경험'은 언제나 연속적으로 생기며, 대상에 대한 앎이 다음 순간에는 그 자체가 앎의 대상이 되고, 대상의 내용은 계속해서 변화하지만, 실제로 '경험'하고 있는 의식(주체)은 실제로 눈앞에 있는 '대상'을 인식하는 데 힘껏 노력할 뿐이며, 자신의 의식 속에서 무엇이 진행되고 있는 것인지 파악할 수 없다는 것, ② 그러한 실제로 진행 중인 '경험'으로부터 거리를 두고서 관찰하고 있는 (것으로서 상정되는) '우리'는 '대상'의 내용이 어떻게 변형되고 '경험'이 어떻게 연쇄되고 있는지 알아차리는 것이 가능하다는 것 — 이 두 가지 점이다. '의식'에서의 '경험'을 통제하는 센터가 부재하다는 것을 시사하는 ①은 초기 프래그머티즘의 이론가인 윌리엄 제임스(1842~1910)의 '의식의 흐름 stream of consciousness'과 현대 사상의 시간론에 강한 영향을 준 앙리 베르그송 (1859~1941)의 '지속la durée'과 통하는 발상이며, '의식'이 대상을 구성하는 작용을 객관적으로 기술하는 심급을 상정하는 ②는 후설 현상학의 그것과 아주 닮은 것으로 생각된다. '우리에 대해'를 의식의 흐름 한가운데 놓여 있는 주체로부터 분리하는 것을 통해 '의식'의 본질을 둘러싼 문제를 제기한 것이 현대의 철학자들에 대한 헤겔의 매력일 것이다.

대상과 자기 사이의 (다중화된) 관계를 둘러싼 반성적 '경험'을 축적하고 점차 지적으로 풍요롭게 되어 가는 (것으로 보이는) '의식'으로부터 철학적으로 관찰하는 '우리'가 역사적으로 생성해 온 것이라고 한다면, 그 '우리'

의 관점에서 '의식'의 운동을 서술하고자 하는 헤겔의 시도는 더 나아간 발전의 전망을 제시하고 있다는 의미에서 생산적인 순환 구조를 제시하는 것으로 보인다. 자기 자신도 '경험'하는 의식의 산물이면서 실제로 '경험' 하고 있는 '의식'의 격렬한 운동에 휘말리지 않고서 사변적으로 고찰을 가할 수 있는 '우리'가 태어나는 것은 의식의 '진보의 사변적 필연성la nécéssité spéculative de la progression'(이폴리트)이다.

'우리'의 내력과 행로

'모든 것을 아는 이야기꾼'에 대한 헤겔의 역설

그러나 '우리'가 개개의 주체가 자기 자신의 의식 속에서 하루하루 경험하고 있는 범위를 넘어서서 불특정한 다수의 사람이 겪어가는 상호주관적 경험의 산물인 '교양', '종교', '계몽', '역사'에 대해 전체적인 개관을 주고자 하면, 그 발판이 위태로워진다. '우리'의 관찰·서술이 지금까지 역사 속에서 살아간 모든 주체의 경험·관찰과 일치한다는 보증은 없기 때문이다. 기껏해야 개개의 독자와의 일치밖에 확인할 수 없다. 하물며 '역사의 종언'에 관한 예견으로 되면, 현실에서 누군가의 의식 속에서 이루어진 '경험'이라는 범주로부터는 분명히 밀려나고 만다. 그리하여 앞에서 본 것과 같은 '절대지'의 문제가 나오게 된다. '경험'을 넘어선 '절대지'의 입장을 별개로 상정하지 않으면 안 되게 된다. 그것이 '우리에 대해'를 사용하는 것의 양날의 칼이다.

헤겔의 텍스트가 기본적으로 '우리에 대해 = 절대지'라는 설정에서 씌어 있다고 한다면, 그의 '역사 = 철학' 전체가 장대한 형이상학(계시)이게 된다. 다만 역사를 둘러싼 형이상학적인 사변이라고 해서 곧바로 쓸모없다고 하는 것은 아니다. 그러한 형이상학을 굳이 그려 보임으로써 이성의 폭주의 위험을 아이러니하게 보여주었을지도 모른다. 지젝은 그러한 노선에서 헤겔을 재평가하고자 했다고 생각된다.

현대의 문예 비평·텍스트 이론에서는 이야기의 모든 것을 꿰뚫어 보고 있는 것처럼 처음부터 지금부터 말해지는 내용 전체를 근거로 하여 모든 사건을 세부에 걸쳐 논리적으로 기술하는 '모든 것을 아는 화자'를 설정하는 것의 의미가 자주 화제로 되지만, 헤겔의 텍스트는 그러한 '이야기꾼'의 문제를 자기 자신의 퍼포먼스로 제기하고 있는지도 모른다. 우리는 신과 같이 '모든 것을 알'면서 우리가 공감하고 이해할 수 있는 언어로 말해주는 '모든 것을 아는 이야기꾼'이 불가능한 존재라고 알면서, 그것을 요구한다. 그러한 '이야기꾼'이 없다면, 안심하고 이야기를 즐길 수 없다. 철학서도 역시, 아니 철학서야말로 그러한 '이야기꾼'을 필요로 하고 있는지도 모른다. 적어도 '우리'가 개입하지 않으면, 철학의 체계적인 서술은 불가능해진다. 헤겔은 책의, 특히 철학서의 형식적 구성에 숨어 있는 그러한 역설을 몸소 폭로한 것인지도 모른다.

또는 '우리'는 신을 가장하고 있는 것이 아니라 자기 자신의 '경험'이 '절대지'를 향해 나아가는 '정신'의 '역사'의 운동을 암시하고 있다는 것, 적어도 기대하고 있다는 것을 솔직하게 말하고 있을 뿐일지도 모른다. 스스로가 축적해 온 '경험'에 의해 과거 역사의 도정을 재구성하고 그것을 상상력에 의해 미래를 향해 연장해 볼 때, 어떤 하나의 목표, 즉 '우리'가 '절대지'에 접근할 수 있게 되는 지점이 보이게 되는 것이라고 한다면, 그 상상의 목표를 탐구하는 것에는 사회 과학적으로도 일정한 근거가 있을 것이다. 이러한 견해를 취하면, 세계사 전체의 주역인 '정신'을 둘러싼 '시원'과 '종언'의 결정된 정형화된 이야기를 그리고 있다고 하는 헤겔 철학에 대한 자주 있는 비판을 회피할 수 있다.

『정신현상학』이 보여주는 순환 구조

　이 견해를 부연하여 『정신현상학』이라는 텍스트 전체에 적용하면, 이 텍스트 서술의 복잡한 순환 구조가 보이게 된다. 『정신현상학』에서 그려지고 있는 '역사'라는 것은 사실은 '의식'들의 공동적인 '경험'의 역사적·문화적 산물로서 자기의 장래 방향성을 둘러싸고서 사변적 이성을 구사하는 '우리'라는 견지가 형성되어 오기까지의 과정의 역사인지도 모른다. 그 경우, 이 텍스트의 초점을 이루는 '절대정신'이나 '절대지'와 같은 살아 있는 인간의 이성적 파악을 넘어선 초월론적인 개념은 현시점에서의 '우리'의 눈에서 본 '절대정신'과 '절대지'라는 것으로 될 것이다. 『정신현상학』에서의 '절대정신'이나 '절대지'에 대한 구체적인 기술이 모두 '우리'의 눈에서 본 '절대정신'이나 '절대지'라고 한다면, 『정신현상학』은 인간의 '의식'이 산출하는 개념과 이상, 사회·역사상, 미래에 대한 비전 등의 '역사'를 그린 이념·문화사적인 텍스트이지 역사의 형이상학의 글이 아니게 된다.

　다만 '우리'는 자기(들)의 현재의 앎과 상식의 수준 속에서 자기 자신의 '역사'에 대해 이러저러하게 사변하는 것만으로는 만족하지 않고 자기의 '사변'의 근거를 요구하고 정당화하고자 한다. 그 경우, 자기의 모체인 소박한 '의식'으로부터 시작하는 의식 발전의 기록이 소재로 필요해진다. 또한 '우리'를 구성하는 개인은 아무리 고도의 지성을 갖추고 있더라도 결국 살아 있는 인간이다. 자신이 직접 경험한 것을 넘어서서 집단적 경험을 이미지화하려고 하더라도 막연한 것이 되고, 아무래도 치우침이 생겨나지 않을 수 없다. 그리하여 수학자와 물리학자가 불순한 요소를 포함하지 않는 순수한 점과 직선, 원을 생각에 떠올려 조작할 수 있는 주체, 진공 속에서의 물체의 운동을 이미지화할 수 있는 주체 등을 상정하여 그 관점에 섰을 때 보이는 것을 근사적으로 재구성하듯이, 만약 '역사' 전체를 꿰뚫어 볼 수 있는 '절대지'의 견지가 있다면, 그 눈길에는 무엇이

비칠 것인지를 이미지화하고, 현재의 '우리'의 존재 방식을 비판적으로 다시 파악할 필요가 있다 — 이 점은 뒤에서 보는 벤야민적인 '역사'관과 깊이 관계된다. 그것이 '절대지'라는 관점이며, '절대지'의 눈에서 본 역사 운동의 주체가 '(절대)정신'이다. '우리에 대해' '절대지'는 스스로가 도달하고자 하는 이상임과 동시에 자기 사변의 올바름을 음미하기 위한 가상의 관점이기도 하다.

자기반성을 시작하고 있지 않은 소박한 '의식'으로부터 현재의 '우리'가 태어나기까지의 경위를 (의사) 즉물적으로 그린 다음, 그 '우리'가 어떻게 자기의 입장을 근거 짓고자 하는 것인지에 대해 메타 인식론적으로 고찰하고, 더 나아가 그것을 근거로 하여 무엇을 목표로 하고자 하는지를 그리는 것과 같은 산뜻한 구성을 취하고 있다면, 『정신현상학』은 좀 더 읽기 쉬운 표준적인 철학의 교과서로 되어 있었을 것이다. 그러나 헤겔은 '우리'가 생겨나는 과정을 기술하는 데서 그것이 '우리에 대해' 어떻게 보이는지, ('우리'가 상정하는) '절대지'의 관점에서 어떻게 보이는지 하는 메타 수준, 메타·메타 수준의 문제를 제기하기 때문에, 관점이 다중화하여 자꾸 복잡해져 간다. 이해하기 쉽게 쓰고자 하는 서비스 정신이 거의 없었을 뿐인지도 모르지만, 호의적인 견해를 취하자면, '의식'의 경험을 둘러싼 철학적 논의는 불가피하게 다중적인 순환 구조를 보여주게 되지 않을 수 없다는 것을 자기의 문체에 의해 성실하게 보여준 것일지도 모른다.

가다머의 '지평 융합'

'우리' 자체의 역사적 성격에 관해 아래와 같이 적극적인 견해를 취할 수도 있다. '우리'가 역사의 진전에 따라 점차 획일화되고, 모든 사람이 무조건 받아들이지 않을 수 없는 고정화된 것으로 되어가는 것이 아니라,

오히려 다른 관점을 지닌 사람들의 참여, 그들의 시선과의 교류를 통해 변화해 가는 열린 것이라고 한다면, 다양한 가치관과 생활양식을 지닌 사람들이 살아가는 현대 사회에 적합한 사회 이론에 상응한 견지처럼 보이기도 한다. 현대의 철학적 해석학 방법의 확립자이자 헤겔 텍스트의 복잡한 구조, 상호 연관을 연구하고 통일적인 해석을 부여할 것을 시도한 것으로 알려진 한스-게오르크 가다머(1900~2002)는 서로 다른 문화적 생활양식 속에서 각각의 사물에 대한 견해를 길러온 사람들이 접촉하고 대화함으로써 자기 자신의 견해가 지닌 역사성을 자각하고, 다른 견해도 있을 수 있다는 것을 알기에 이른다는 것을 '지평 융합Horizontverschmelzung'이라고 부른다. 가다머는 텍스트에 대한 해석을 통한 과거의 타자와의 역사적 대화를 주로 염두에 두고 있지만, 이것은 서로 다른 언어를 이야기하고 차이 나는 생활 감각을 지니는 타자들과의 번역을 매개로 한 대화에도 해당하는 일이다. 『정신현상학』과 『엔치클로페디』의 제3부, 『역사 철학 강의』 등의 기술을 보는 한에서, 헤겔은 '우리' 또는 '정신'이 '지평 융합'을 통해 발전한다는 것을 전제로 하는 것으로 보인다.

　그 경우 '우리'는 인류의 앎이 발전해 나가야 할 방향성을 탐구하는 열린 기획의 주체로 될 것이다. '민주주의'와 '시민 사회'를 떠받치는 '공공적 이성public reason' ── 졸저 『지금이야말로 롤스를 배우자』(춘추사) 등을 참조 ── 의 중요성을 강조하는 하버마스와 롤스와 같은 숙의 민주주의론자(자유주의자)들과, 인간의 자유 의지의 역사적 구속성을 지적하는 테일러와 마이클 샌델(1953~)과 같은 공동체주의자들과의 사이에서 전개되고 있는 현실적인 정치 철학적 논의는 의식 경험의 산물로서 생겨난 '우리'의 본성을 둘러싸고서 전개되고 있다고 말할 수 있을 것이다. '우리'는 상호의 문화적 차이는 남기면서도 도덕과 정치의 기본 원리에 관한 견해에 대해서는 통합되어 가는 것인가, 그렇지 않으면 거기에 관해서도 대립하는 복수의 '우리'가 계속해서 공존하는 것인가? 자기의 관찰·서술의 입각점에 대해 곳곳에서 언급하는 헤겔의 스타일은 '철학'이 서는 위치를 둘러싼 다양한 고찰을 환기한다.

'우리에 대해'의 실천

'이성적인 것 = 혁명의 이상'

실제로 경험하고 있는 당사자의 의식으로부터 거리를 두고서 관찰·기술하고 있는 철학적인 '우리'는 그다지 활동적인 인상을 주지 않는다. 오히려 스스로 움직이지 않는 것이 역할인 것처럼 보인다. 그러나 하버마스는 『탈형이상학적 사유』(1988)에 수록된 논문 「다수의 성부聲部를 지닌 이성의 통일」에서 '우리에 대해'가 오히려 실천적 성질을 지닌다는 점을 시사하고 있다.

자연 과학적인 현상과는 달리 '역사'는 다양한 우연성과 불확실성을 포함하며, 전체를 통일적인 관점에서 꿰뚫어 볼 수 없다. 그럼에도 '시원'과 '종언'이 확정된 것처럼 말하는 것에는 무리가 있다. 작용과 반작용의 연쇄로 인해 처음의 예상과는 다른 방향으로 사태가 전개되어 가는 것을 보여주는 변증법을 끌어내더라도, 역사가 결정된 도정을 밟아가는 것과 같은 기술을 정당화할 수는 없다. 변증법의 논리는 오히려 역사의 불확정성, 적어도 당사자인 인간에게서의 예견 불가능성을 암시하고 있는 것으로 보인다. 그러나 '역사'의 흐름에 대해 말하고 있는 '우리'가 명확한 '목적

Ende'을 지니고, 그것을 '역사'의 '종언Ende'으로 만들기 위해 활동하고 있는 것이라면, 다소나마 이야기는 달라진다. 자연환경에 의한 제약이라든가 인간 능력의 한계, '우리' 이외 인간의 동향, 무의식의 작용 등, 어떻게 하더라도 제어할 수 없는 것은 있지만, 정치와 법의 제도는 '우리'의 목적의식에 따라 구축하는 것도 불가능하지 않다.

맑스주의 등의 사회주의 운동은 바로 자본주의 사회를 해체하여 자신들이 이상으로 하는 노동자 중심 사회의 탄생이라는 형태로 '역사'가 끝나도록 계속해서 투쟁해 왔다. 맑스주의는 '유물론적 역사관'의 '역사' 인식의 이론일 뿐만 아니라 '역사'를 '공산주의 사회'라는 '목적 = 종언'으로 이끌기 위한 실천의 이론이기도 하다. '절대지'에서는 이미 분명하지만, 지상에서 살아가는 인간에게는 아직 알려지지 않은 '역사의 종언'을 미리 암시하고 있는 『정신현상학』은 역사의 당사자이기도 한 '우리'가 이루(어야 하)는 것을 지시하고 있다고 이해할 수 있다. 『법철학 요강』의 「서문」에는 '이성적인 것은 현실적이며, 현실적인 것은 이성적이다'라는 유명한 구절이 있지만, 맑스를 포함한 헤겔 좌파는 그것을 '이성적인 것 = 혁명의 이상'이 현실적으로 될 필연성 또는 그 현실화를 위해 자신들이 참여해야 할 책무를 보여주는 것으로 받아들였다고 생각된다.

키르케고르와 하이데거의 입장

헤겔의 관념론적인 '역사'를 참으로 현실을 포섭하는 '역사'(유물론적 역사관)로 재통합할 것을 시도한 맑스와는 반대로 역사의 변증법이 부딪치는 (현실과 이상 사이의) 모순을 대단히 개인주의적으로 받아들여야 한다는 것을 주장한 것이 키르케고르다. 하버마스식으로 표현하면, 키르케고르는 '나에 대해Für Mich'라는 '참여자로서의 관점Teilnehmerperspektive'을 취하고 있다. 그 경우의 '나'는 객관적인 역사 발전의 법칙을 알고 싶어 하는 것이 아니라 개인으로서의 실존적 목표를 성취하기 위해 '역사'에 참여하고 있다. 자기의 삶과 관계가 없는 사건은 '나'에게는 '역사'가 아니다.

하버마스는 '참여자 관점'으로서의 '우리에 대해'를 '역사'에 대한 적절한 견해로서 무조건 권장하는 것이 아니다. 인간이 자기의 행위에 의무를 부여하면서 '역사'를 만들어 가는 존재인 이상, 어느 정도 거리를 두고서 '역사'를 관찰하고자 하더라도 중립적일 수는 없으며, '역사'에 대한 과학적 접근이 '자연'에 대한 그것과는 다르게 될 것은 당연한 일이다. 자연과학도 인간 공동체의 영위인 이상, 참가자로서의 '우리에 대해'라는 관점이 개입하는 것을 회피할 수 없다. 그러나 이 입장을 조작 없이 부연해 가면, '우리'가 실제로 실천하고 있는 것을 '우리'의 이익이라는 명목에 의해 정당화한 다음, 실제로 거기서 살아가고 있는 '우리에 대해'의 '객관성'을 부여하고, '우리'와 관점을 공유할 수 없는 타자를 배제하는 편협한 맥락주의로 이어질 수 있다.

덧붙이자면, 하이데거는 『숲길』(1950)에 수록된 논문 「헤겔의 경험 개념」에서 '우리에 대해'의 관점을 취하는 '우리'를 절대적인 것(절대정신)의 나타남을 엄숙하게 기다리기로 결의하고 있는 '철학'(= 존재를 둘러싼 근원적 사유)에 실제로 참여하고 있는 사람들이라는 의미로 취하고 있다. 하지만 이는 '존재' 그 자체에서 유래하는 '절대적인 것das Absolute'의 도래를 몸소 받아들일 준비를 하고 있지 않은 자에게는 전혀 관계가 없는 관점이게 된다. 하이데거는 '실천'과는 그다지 인연이 없는, 정치적 감각이 없는 철학자라고 생각되는 경향이 있지만, 그의 '참으로 철학하는 우리'관은 맑스주의의 '참으로 실천하는 우리'관과 동질적인 편협함을 느끼게 한다. 하이데거에게는 '철학' 또는 '사유Denken'를 단순한 현실로부터 유리된 추상적인 추론이 아니라 인간의 실존을 방향 짓는 '실천'으로 바라보고 있는 점이 있다 — 하이데거 철학의 특징에 대해서는 졸저 『하이데거 철학 입문』(고단샤 현대신서)을 참조할 수 있을 것이다.

하버마스의 리터와 로티 비판

하버마스는 인간의 행위를 다양한 측면에서 방향 짓는 동시에 도덕적 규범의 형성과 불가분의 관계에 있는 '실천'을 (맑스주의처럼 '실천'의 목적을 자명한 것으로 여기는 것이 아니라) 철학의 주요한 주제로서 다시 부각하여 '이론'과 '실천'을 (어느 쪽인가를 다른 편에 종속시키지 않고서) 재통합하는 데 힘을 기울여 왔지만, 동시에 '실천'에서 목적을 추구하는 '우리'의 관점이 점차 배타적인 자기 정당화 논리가 될 수 있는 위험성을 지적해 왔다. 그의 의사소통 행위 이론은 그 갈등으로부터 태어났다고 말할 수 있을 것이다.

하버마스의 독일 국내에서의 주요한 논적은 아리스토텔레스(BC 384~BC 322)와 헤겔을 연결하는 형태로 '실천 철학praktische Philosophie'의 복권을 시도한 요아힘 리터(1903~74)와 그의 영향을 받은 리터학파의 사람들이다 ─ 하이데거 밑에서 공부한 리터는 나치스 정권 시대에 히틀러에게 충성을 서약하고 나치스에 입당했다. 리터는 헤겔에게 의거하는 가운데 '근대'를 과학·기술에 의해 예로부터 내려온 생활 질서와 세계상으로부터 사람들을 해방하고 시민 사회적인 자유로운 관계성을 구축하는 과정으로서 우선은 긍정적으로 그려낸다. 다른 한편으로 그는 공동체적인 유대가 해체되고 친숙한 생활양식으로부터 분리된 사람들의 내면에서의 고립감이 높아지고 있다는 것을 지적한다. 실천 철학은 사람들을 내적으로 동기지을 수 없게 되고, 추상적·내적 규범을 다루는 도덕 철학과 외적인 법·정치 제도의 정당성을 문제로 하는 정치 철학으로 분열되었다. 좀 더 말하자면, (학문의 영역인) '이론'과 (사람들의 일상적인) '실천'도 괴리되게 되었다. 사람들에게 심리적인 '보상Kompensation'을 주고 '이론'과 '실천'에 다리를 놓기 위해서는 정신과학과 예술에 의한 교양과 미적 감화가 불가결하다는 것이 리터학파 논의의 골자다. 하버마스의 입장에서 보면, 그러한 논의는 자기가 속하는 문화를 무비판적으로 수용하는 태도를 조성하게 된다. 특히 독일의 맥락에서는 나치즘을 길러낸 토양인 민족적 전통, 정치 문화를 정당화하게 될지도 모른다. 그러한 관점에서 하버마스는 리터학파를 신보수주의라고 부른다.

　하버마스의 비판은 신보수주의뿐만 아니라 자유주의 좌파에도 미친다. 네오프래그머티즘의 제창자인 로티는 1980년대 중반 이후 정치적으로는 듀이로 대표되는 프래그머티즘적인 좌파의 입장을 취하게 되었다. 맑스주의와 (초기) 프랑크푸르트학파, 포스트 구조주의와 같은 외래의 급진적인 혁명 사상에 의해 사회를 그 근저로부터 변화시키고자 하는 것이 아니라 미국의 현 상황을 한 걸음 한 걸음 착실하고도 효과적으로 변혁하여 평등하고 민주적인 사회로 만들어 온 프래그머티즘적인 좌파의 전통, 이론이 아니라 '실천'을 우위에 두는 전통을 부활시키고자 한 것이다. 그때 롤스의 정의론과 같은 보편성을 표방하는 이론도 실제로는 미국의 정치 문화, 미국적인 민주주의 실천의 특수성에 뿌리박고 있고, 문자 그대로 보편적인 것이 아니라고 주장하게 되었다. 미국의 헌법이 다양한 자유와 평등을 포섭하고, 의견 대립을 허용하는 열린 구조를 지니며, 그것을 기초로 하여 재분배적인 정의를 정당화하는 롤스의 그것과 같은 자유주의적인 평등론이 대두해 온 것은 미국이라는 나라가 성립한 우연에 의한 것이다.

　'실천'을 근거 짓는 이론으로서 프래그머티즘을 중시하는 것과, 급진적인 혁명 사상에 의한 것이 아니라 시민 사회에서의 사람들의 사적 관심과 밀착한 일상적 실천의 연장선상에서 민주주의를 활성화하고자 하는 구상의 두 가지 점에서 하버마스와 로티는 상당히 가까운 것으로 보였다. 그러나 '미국인인 우리에 대해'의 '역사'를 특권화하는 견해를 하버마스는 용인할 수 없다. 물론 로티는 단순한 좌익을 가장한 내셔널리스트가 아니다. 그는 '우리'가 자문화 중심주의에서 벗어나지 못하며, 어느 정도 '그들'의 관점을 이해하려고 하더라도 '우리'의 관점으로부터 '그들'의 그것을 재구축하는 데 지나지 않는다고 깨끗이 인정함으로써 보편주의의 위선·오만에 빠지는 것을 회피하는 전략을 취하고 있다. 그 점은 하버마스도 잘 알고 있지만, 정색하자면 '우리에 내해'와 '그들에 내해 für sie' 사이에 긴장감을 포함한 대화를 성립시키고자 하는 노력이 쇠퇴해 간다.

헤겔의 형이상학화와의 결별

그리하여 하버마스는 새롭게 초월론적인 관점에서 '관상'하는 사변가와도 '참여자'와도 다른 '의사소통적으로 행위하는 주체들 die kommunikativ handelnden Subjekte'의 관점에 초점을 맞추어야 한다는 것을 강조한다. 의사소통적으로 행위하는 주체의 각각은 통일적인 '세계'상을 스스로 제시할 필요는 없다. 그들은 자기가 살아가는 생활 세계(= 주체들의 반드시 자각되어 있지 않은 지각과 인식, 행위에 일관성을 부여하고, 자기 이해와 타자와의 상호 이해의 기반을 제공하는, 체계화되어 있지 않은 일상적인 경험의 연속체)에서의 경험을 배경으로 하면서, 일상적으로 생겨나는 문제의 해결을 위해 타자와 서로 이해하고자 한다. 또한 자신이 놓여 있는 상황을 상대방도 이해할 수 있도록 설명한다든지 공통으로 받아들일 가능성이 있는 규범에 호소한다든지 한다. 엇갈리는 점이 있다고 느끼게 되면, 그들은 자신의 주위 상황을 돌아보고 서로의 인식과 규범의식을 변경하며 타자들과의 합의 형성을 지향한다. 그러한 의사소통적인 실천을 통해 각 사람의 행위 전제로 되어 있다고 생각되는 '세계'상을 서서히 변화시키고 좀 더 보편적인 것으로 되어간다. 구체적 문제에 근거한 의사소통이 결과적으로 '세계'상의 통합에 이바지하는 것이다.

의사소통 행위 주체들의 실천을 모델로 생각하면, '우리에 대해'와 '그들에 대해'가 일거에 수렴되지 못하고 긴장이 계속되는 것에 초조하여 '지평 융합'은 불가능하다고 선언할 필요는 없다. 서로 간에 설사 상대방에게 다가가고자 하는 자세가 보이지 않더라도, 암묵리에 누구라도 따라야 할 공통의 규범과 사실이 있을 것이라고 하는 상정에 기초하는(기초한다고 생각되는) 말을 중심으로 한 주고받음이 있는 한에서, 실천적으로 '세계'가 통합되어 갈 가능성은 있다. 이해하기 쉽고 우호적·유화적인 태도를 보여 주는 행위만이 의사소통적 행위가 아니다.

영어권에서 실천 철학으로서의 헤겔 철학의 복권을 주도하고 있는 로버트 피핀(1948~)도 '절대정신'과 '절대지'를 실체화하지 않을 수 없게 되는 커다란 이야기로서 '정신의 운동'을 이해하는 것은 부정하고, 실제로 상호 간에 작용하면서 행위하는 주체들의 관점으로부터 실천적 연관으로 서 독해해야 한다는 입장을 취하고 있다. 피핀도 '인정'을 중시하고 있지만, 호네트나 테일러의 경우와 같은 심리적 안정화나 문화적 정체성이 아니라 사회적 행위자로서의 '지위status'를 서로 인정하는 것, 그것에 기초하는 개개의 행위의 정당화에 초점을 맞추고 있다. 간단히 말하자면, 어떠한 사회적 입장에 있으면 어떠한 행위를 할 자격이 있는가, 하는 것이다. 피핀이 그리는 '헤겔의 실천 철학'에서 중요한 것은 '인정'이 부드럽게 일관된 형태로 행해지는 것을 가능하게 하는 '제도institution'다. 대략적으로 말하자면, 공동체주의적인 인정론과 브랜덤의 너무나 프래그머티즘적으 로 가벼워진 인정론의 중간을 행하고 있는 것으로 생각된다. 또한 의사소통 에 의한 문화적 맥락의 극복을 시사하는 하버마스와 비교하면, 행위자의 관점의 변화에 그 정도로 커다란 기대를 걸고 있지 않는 것으로 보인다.

그야 어쨌든 현대의 헤겔 독해에서는 '우리'를 '절대지'의 높이로 가까이 다가가게 하기보다 행위자들의 구체적인 일상적 실천 차원에 정착시키고 자 하는, 요컨대 땅에 발을 붙이게 하고자 하는 경향이 강해지고 있는 것으로 생각된다. 조급하게 '종언'을 꿰뚫어 보고자 하여 헤겔을 실제 이상으로 형이상학화 해버린 과거의 나쁜 경향과 결별하고자 하는 것일 터이다.

관찰자와 행위자

아렌트와 헤겔의 역사관

'우리'가 '역사' 속의 '행위자'인가 아니면 밖으로부터 냉정하게 바라보는 '관찰자'인가 하는 문제에 관해 한나 아렌트(1906~75)도 매우 흥미로운 문제를 제기하고 있다 — 아렌트의 사상 전체의 개요에 대해서는 앞에서 언급한 『바로 지금 아렌트를 다시 읽다』 등을 참조할 수 있을 것이다. 이 문제는 그녀 자신의 '인간'관과 깊이 관계된다.

아렌트는 주저 『인간의 조건』(1958)에서 고대 그리스의 폴리스에서 성립한 '인간'이라는 개념을 구성하는 주요한 조건으로서 ① 노동labor, ② 작업work, ③ 행위action의 세 가지를 들고 있다. 그녀가 말하는 '노동'은 통상적인 의미의 '노동'과는 달리 생명을 유지하기 위한 신체적인 활동을 가리킨다. '작업'은 탁자와 의자 등의 가구나 예술 작품 등, 인간들을 결부시키고 관계성을 규정하는 '사물'을 제작하는 활동이다. '행위'란 언어에 의한 설득과 연기action에 의해 상대방의 정신에 작용함으로써 합의를 얻고자 하는 활동이다. '노동'이 다른 생물과도 공통되는 것인데 반해, '행위'야말로 인간을 인간답게 하는 가장 중요한 조건으로 생각되었다.

'행위'에 의해 폴리스에서 살아가는 시민들은 언어적 표현 능력을 단련할
수 있었다. 또한 자유로운 토의를 통해 타자의 다른 의견을 앎으로써
시민들의 사물에 대한 견해가 다원화했다(= 복수성). 그것과 연동하여
공적 영역에서 대등하고 자유로운 시민들에 의한 '정치'가 발전했다.
다만 시민 생활의 물질적 측면은 노예와 여성 등, 시민권을 지니지 않는
사람들의 '노동'과 '작업'에 뒷받침되고 있었다 — 시민의 자유로운 '행위'
가 노예의 '노동'에 뒷받침되고 있다는 도식은 헤겔의 '주인/노예'의 변증
법에 대응하고 있다고 볼 수 있다.

아리스토텔레스는 그러한 '정치적(행위적) 생활bios politikos[vita activa]'과는
별도로 철학자에게서 볼 수 있는 '관상적 생활bios theoretikos[vita contemplativa]'을
상정하고, 이것이야말로 시민으로서의 최고의 생활 형태라고 했지만,
이것은 시민 전반에 공통된 태도가 아니기 때문에, 아렌트는 이것을 예외적
인 것으로 간주하고 『인간의 조건』에서는 본격적으로 논의하고 있지
않다.

아렌트는 폴리스에서 확립된 이러한 '행위' 중심의 '인간'관이 고대
세계의 종언과 더불어 점차 변질해 가고, 인간이 타자와의 의사소통보다도
사물을 생산하는 것에 열심인 공작인으로, 그리고 생명을 유지하기 위해
오로지 노동하는 생물로 퇴락해 간 과정을 그려내고 있다 — 근대에는
노예가 존재하지 않고 대부분 사람이 생활을 위해 활동해야만 하기 때문에,
그렇게 되어버리는 것은 불가피하다. 『인간의 조건』과 같은 해에 출간되고
나중에 『과거와 미래 사이』(1961년 초판, 1968년 개정판)에 수록된 논문
「역사의 개념」에서는 그것이 헤겔의 역사 철학에서 보이는 근대적인 '역사'
관과 결부되어 논의되고 있다. 과학·기술의 발달에 따라 인간이 사는 '세계'
가 크게 변화하게 되자 사람들은 도구와 예술 작품, 건조물뿐만 아니라
자신들이 '세계'도 제작하고 있다는 의식을 지니게 되었다. 그 의식은
더 나아가 '역사'의 도정도 스스로 만들어 낸다는 의식으로 변용해 갔다.

비코와 헤겔은 '역사가이자 철학자'

'역사'를 '만든다'는 의식이 생기는 것은 주로 '정치'의 장에서이지만, 아렌트의 말을 빌리자면, 근대의 '정치'에서는 '행위'에 의해 서로의 관심과 관점을 다원화하고 인간성을 풍부하게 해가는 계기가 희박해졌다. 그 대신에 각 사람의 이미 정해진 이익을 추구하기 위해 타인과 다툰다든지 동맹한다든지 타협한다든지 하는 장, 또는 그렇게 해서 형성된 공통의 이익을 확실히 하기 위해 권력을 행사하는 것이 '정치'로 여겨지게 되었다. 그렇게 되자 사회와 국가를 자신들의 생각대로 만드는 것이 '정치'의 '목적'이고, '역사'는 그 실현 과정이게 된다. 그러한 의미에서 '역사를 만든다'는 발상을 한 전형이 맑스다. 아렌트의 말을 빌리자면, 맑스는 '역사를 만드는 것the making of history'과 '행위action'를 잘못 동일시하고 만 것이다. 요컨대 '역사를 만드는' 기획에 참여함으로써 사람들이 잃어버린 자유를 다시 획득할 수 있다고 착각하고 만 것이다.

근대의 '역사' 개념을 확립했다고 여겨지는 이는 이탈리아의 반데카르트주의 철학자 잠바티스타 비코(1668~1744)와 헤겔이다. 비코는 인간들의 집합적 행위로부터 생성되는 영역으로서의 '역사'에 대해서는 '자연'에 대한 것과는 다른 접근이 필요하다고 하여 신화, 전설, 예술 작품 등, 과거 사람들의 언어활동의 기록을 연구하는 것의 의의를 이야기했다. 비코와 헤겔에게서는 사람들의 행위 귀결로부터 '역사'가 생성되는 것이 확실하지만, 그 역사는 특정한 걸출한 주체들이 계획적으로 특정한 방향으로 나아가게 할 수 있는 것과 같은 것, 인간의 생산물이 아니었다. 따라서 '역사를 만든다'는 것은 불가능하다.

> 그들이 생각한 진리란 역사가의 관상적이고 뒤돌아보는 눈길에 개시
> 되는 것이며, 과정을 전체로 볼 수 있는 입장에 있는 역사가야말로

활동 = 행위하는 사람들acting men의 '좁은 목적'을 도외시하고, 그들의 배후에서 자기를 실현해 가는 '좀 더 고차적인 목적'에 집중할 수 있는 것이다(비코). 한편 맑스는 역사라는 개념을 근대 초기의 홉스 등의 목적론적인 정치 철학과 결부시켰다. 그로 인해 맑스의 사상에서는 '좀 더 고차적인 목적' — 역사 철학자에 따르면, 역사가이자 철학자인 자의 뒤돌아보는 눈길에만 드러나게 되는 목적 — 은 정치적 활동 = 행위의 의도된 목적으로 될 수 있었다.

여기서 아렌트가 〈actor〉라고 부르고 있는 것은 고대 그리스의 시민과 같이 물질적인 이해관계로부터 완전히 해방되어 자유롭게 활동할 수 있는 인간이라기보다 근대 시민 사회 속에서 경제적 이익을 추구하는 동시에 (이익 배분적인 의미가 강한) '정치'에도 관여하는 근대 시민 사회의 시민, 헤겔 또는 하버마스가 상정하고 있는 것과 같은 시민일 것이다. 비코와 헤겔은 '역사가이자 철학자'로서의 '우리'의 관점에서 지금까지의 역사의 흐름을 '관상적'으로, 요컨대 그로부터 거리를 두고서 철학적으로 고찰하며 되돌아봄으로써 각각 자기의 한정된 '목적' — 경제적 이익과 사회적 평가, 일상적 관심사 등 — 을 추구하고 있는 개개의 당사자들에게 보이지 않는 역사 자체의 목적인 '고차적인 목적higher aims'을 차분히 응시하고자 했다. 그들은 자기가 '역사'를 '제작'할 수 있다는 등의 너무 지나친 생각은 지니고 있지 않았다. 『법철학 요강』「서문」의 말미 가까이에서 나오는 '미네르바의 부엉이는 황혼이 찾아오고서야 날아오른다'는 구절은 그러한 헤겔의 기본적 태도를 보여주고 있다.

'기술자' 관점을 지닌 '역사가' 맑스

그에 반해 홉스를 따라 '정치'를 의도적으로 활동 = 행위하는 사람들의

'목적' 실현의 영위로 보는 맑스는 '역사'를 그 과정으로 보게 되었다. 그러면 맑스가 '역사가'의 관점을 갖추지 못하고 있었는가 하면 반드시 그렇지는 않다. 그가 '유물론적 역사관'을 구상할 수 있었던 것은 '역사가'로서의 눈길을 지니고서 사회 속에서 실제로 자기의 목적을 추구하기 위해 애쓰고 있는 당사자들에게는 보이지 않는 것을 가시화하고자 했기 때문이다. 맑스는 자본가와 노동자의 행동을 분석하고, 그로부터 '역사'의 도정을 도출했던 것이 아니다. 다만 그것은 '되돌아보는' 눈길에 집중하는 '역사가'가 아니라 '기술자craftsman'의 관점을 지닌 '역사가'다.

아렌트에 따르면, 플라톤(BC 427~BC 347)은 '이데아(이념)'를 조물주 (데미우르고스)가 사물들을 제작하기 위해 사용한 '모델'과 같은 것으로서 기술하고 있었다. (플라톤적인 의미에서의) '철학자'에 의한 '이데아'를 보는(관상하는) 시도는 그 '모델'의 본질을 확인하고, 그에 따라서 세계를 정확히 다시 파악하는 것과 함께 인위적으로 만들어지는 정치와 도덕의 제도들을 최선의 형태로 가져올 것을 '목적'으로 하고 있었다. 맑스는 그러한 '기술자'적인 관점도 전통적인 철학으로부터 계승하고 있었다.

맑스는 그때까지 내세에 자리매김하고 있었던 낙원을 지상에 건설하고자 하고 있었다고 자주 말해지지만, 역사가의 눈길과 기술자의 눈길이 결부되어 있었던 것의 위험성은 그때까지 초월적이었던 것을 내재적인 것으로 변화시켰다는 점에 있었던 것이 아니다. 알려지지 않은 동시에 알 수 없는 '고차적인 목적'을 계획하고 의지하는 의도로 변환하는 것이 위험한 것은 그에 의해 의미 및 유의미성이 목적 = 종언ends으로 변환되어 버리기 때문이다. 이러한 목적에로의 변환은 역사 전체의 헤겔적인 의미 — 자유의 이념이 점차 전개되고 현실화해 가는 것 — 를 맑스가 인간 행위의 목적으로서 파악하고, 더 나아가 전통에 따라 이 궁극 '목적'을 생산 과정의 최종 생산물로 간주했을 때 생겨난 것이다.

플라톤의 '이데아 = 모델'론, 홉스의 목적론적 인간관, 헤겔의 '역사가이자 철학자(이자 기술자?)'의 눈길이 맑스에게서 합성되어 인류의 최종 목적을 실현하기 위한 역사의 '프로그램'으로 변환된 것이다. 맑스에게 공산주의 사회의 실현은 공작인의 집합체인 인류에게 움직이기 어려운 '목적'이며, '철학자이자 역사가'의 임무는 거기에 가장 신속하게 다다르는 경로를 산출하는 데 있었다. 맑스에게 정치에서의 '활동'과 '실천'은 결정된 '목적 = 종언'을 실현하기 위한 공작일 뿐이었다.

'주시자'인가 '행위(참여)자'인가?

아렌트가 1970년대에 행한 강의를 그녀의 죽음 후에 간행한 것인 『칸트 정치 철학 강의록』(1982)에서는 칸트가 『영원한 평화를 위하여』(1795), 『학부들의 투쟁』(1798) 등, 만년의 정치 철학적 저작에서 제시한 것, 즉 혁명적 열광 속에서 사람들이 이룬 것을 거리를 두고서 응시하는 '주시자 spectator'의 눈길의 중요성이 강조되고 있다. 아렌트가 '주시자'를 중시하는 것은 사람들이 자기의 '좁은 목적'의 추구에 몰두하고, '역사가'와 '철학자'마저도 궁극 '목적'을 지향하는 '제작자'의 눈길을 지니게 된 근대에는 고대의 폴리스와 같이 활동 = 연기자actor 상호 간의 작용을 통해 '세계'에 대한 견해를 다원화하고, 관계성을 끊임없이 재편하기가 어려워졌기 때문일 것이다. 복수화된 세계 속에서 각자가 시간을 들여 ― 놀랍게도 자신으로서는 자기가 어떠한 존재인지 분명히 알지 못한 채로 생애를 들여 ― 자기 삶의 의미를 발견하는 것이 아니라 결정된 '목적'을 추구하는 것이야말로 삶의 의미라고 생각되고 있는 사회에서 사람들은 알기 쉬운 '목적'을 부여해 주는 이데올로기에 달려들기 쉽다. 거기에 전체주의의 위험이 놓여 있다. 따라서 강력한 '목적' 지향을 상대화하기 위해 '주시자'의 눈길이 필요하다는 것일 터이다.

아렌트는 역사의 흐름을 옆에서 바라보는 '주시자'의 눈길을 보존하고자 했다는 점에서 칸트와 헤겔 두 사람을 평가하고 있다. 그러나 칸트의 역사 철학이 '인류'를 주인공으로 하고 있고 세계사의 '종언'이 열려 있는 데 반해, '절대정신'을 주인공으로 하고 '종언＝목적'이 상정되고 있는 헤겔의 그것에 대해서는 약간의 경계를 나타낸다. 그 걱정은 어느 정도 타당하지만, 지금까지 살펴보아 왔듯이 헤겔의 '절대정신'을 신과 같은 형이상학적 존재로서 실체적으로 해석하는 것이 아니라 사람들의 집합적 의식 또는 그 원망과 사변의 사회적 나타남으로 바라볼 수도 있다. '역사의 종언＝목적'을 실체적으로 그린 것은 코제브인바, 헤겔 자신의 기술은 목적론적인 성격의 것인지 아닌지가 모호하다.

아렌트와 하버마스가 제기하는, '역사'를 말하기에 어울리는 것은 '주시자'인가 아니면 '행위(참여)자'인가 하는 문제는 헤겔의 역사 철학을 어떻게 읽을 것인가 하는 문제와 밀접하게 관계된다.

역사의 폐허에 대한 눈길

헤겔 = 맑스 계열 역사 철학에 대한 비난

제3장에서 아도르노의 논의에 근거하여 보았듯이 헤겔의 '역사 철학'은 패배자와 약자의 존재를 말소시키는 것으로 보여서 (지젝 등의 라캉파를 제외한) 포스트모던 좌파 사이에서는 평판이 나쁘다. 오히려 사람들을 보편성의 환상에 붙들어 매는 '큰 이야기'로서 해체되어야 할 가장 커다란 과녁으로 여겨져 왔다. 이러한 비난은 단순한 누명이라고는 말할 수 없다. 『역사 철학 강의』에서 헤겔은 국가의 인륜적인 생활에서만 '자유'가 실현된다고 한 다음, '세계사에서는 국가를 형성하는 민족만이 화제가 될 수 있다'고 분명히 말하고 있다. 이것은 눈앞의 '국가'를 건설할 수 없었던 소수 민족은 소멸할 수밖에 없다고 말하는 것으로 보인다. 냉전이 붕괴한 후, 헤겔의 이 문구는 엥겔스(1820~95)의 독일 + 오스트리아와 러시아 사이에 끼인 중·동구의 민족들을 염두에 둔 것으로 생각되는 '역사 없는 민족geschichtslosen Völker'이라는 말과 함께 소련의 소수 민족 억압 정책과 결부되어 자주 인용되었다. 헤겔 = 맑스 계열의 역사 철학은 소수 민족 등, 정치적 약자에 대해 냉혹하다고 하는 이미지가 널리 퍼졌다.

다만 헤겔의 역사 철학이 역사 발전 법칙의 보편성을 강하게 내세우고 있는 만큼, 그 논리를 조금 조정하여 반전시키면, '보편성을 가장한 이야기' 를 비판하는 무기가 될 수 있다. 그것의 가장 뚜렷한 예가 아도르노 및 아렌트와 사상적으로 깊이 교류하고, 장 보드리야르(1929~2007)의 소비 기호론과 데리다의 폭력론에 강한 영향을 준 독일의 문예 비평가 발터 벤야민(1892~1940)의 작업이다 — 벤야민에 대해서는 졸저『발터 벤야 민』(작품사)을 참조할 수 있을 것이다.

연극, 문예, 사진, 도시 표상……으로 다양한 영역에 걸친 벤야민의 일련의 작업의 축에 단순한 진보 사관으로 평판화한 '유물론적 역사관' 대신에 참된 '역사적 유물론historischer Materialismus'의 방법을 확립한다는 것이 놓여 있다. '역사'의 특정한 방향에로의 발전을 처음부터 전제하는 것이 아니라 역사의 경과 흔적을 붙들어 두고 있는 것으로 생각되는 각종의 '소재Material'를 자세히 관찰하고, 거기에 새겨진 당사자들의 갈등을 읽어내 고자 한다. 벤야민은 인간의 역사란 맹위를 떨치는 '자연'을 정복하고, 그것을 자신들의 '목적'을 위해 이용하는 데 성공해 온 연속적 과정이 아니라 오히려 '자연'으로부터의 소외를 극복하고 주체(정신으로서의 나)/객체(물질적인 환경과 신체)의 일체성을 회복하고자 하고서는 좌절을 되풀이해 온(단절을 많이 포함하는) 이야기라고 생각한다. 그 흔적을 역사의 잔해, 그 의의가 잊혀 가는 것으로 보이는 각종의 '소재'로부터 기호론적으로 읽어내고자 하는 것이다.

그러한 그의 '역사적 유물론'의 '역사가'로서의 눈길에 대해 명료하게 말해지고 있는 것이 절필하게 된 논문「역사의 개념에 대하여」(1940)이다. 18개의 테제와 두 개의 부록으로 이루어진 이 논문에서는 역사적 유물론의 역사가는 승자에 의해 말로 전해져 온 현재의 '역사'에 의해 억압되어 온 과거의 기억을 발굴할 것을 자기의 사명으로 한다는 것이 반복해서 강조된다. 제7테제에서는 '관찰자Betrachter'로서의 '역사 기술자'의 눈에서 보게 되면, '문화재Kulturgüter'라고 불리고 있는 것은 승리자들의 약탈품이며,

야만의 기록으로서 읽을 수 있다는 오늘날의 포스트 식민주의 연구의 관점과 통하는 견해를 보여준다.

벤야민적이고 넝마주의적인 역사가상像

그러한 논의를 이어받아 제9테제에서는 역사에 거리를 두는 '관찰자'의 이미지로서 '천사'가 그려지고 있다. 그 이미지를 그는 파울 클레(1879~1940)의 〈새로운 천사Angelus Novus〉(1920)라는 제목의 수채화로부터 얻고 있다. 이 그림은 천사를 모티프로 하는 클레의 일련의 작품군의 비교적 초기에 속하는 것으로, 벤야민이 개인적으로 사들여 가지고 있었다. 벤야민의 묘사에 따르면, 천사는 무언가를 응시하고 있지만, 그 무언가로부터 멀어지고 있는 것으로 보인다. 그의 눈은 크게 떠져 있고, 입은 열리고, 날개는 펼쳐져 있다. 그는 이 천사를 '역사의 천사Engel der Geschichte'로 간주하고, 그의 눈에 비치는 정경을 상징적으로 이미지화한다.

그는 얼굴을 과거로 향하고 있다. 우리에게 사건의 연쇄가 나타나는 곳에서, 그는 하나의 파국만을 본다. 파국은 폐허 위에 폐허를 끊일 사이 없이 겹쳐 쌓고, 그의 발아래에까지 뛰어오르는 것이다. 놀랍게도 그는 거기에 체류하고, 죽은 자들을 일깨우며, 파괴된 것을 다시 조립하고 싶은 것일 터이다. 그러나 낙원으로부터 불어오는 바람이 그의 날개에 휘감기고, 너무나도 강력한 것이어서 그는 이제 날개를 접을 수 없다. 바람은 천사를 그가 등을 돌리고 있는 미래 쪽으로 멈출 수 없는 기세로 옮긴다. 다른 한편으로 그의 눈앞의 폐허의 산은 하늘에 닿기까지 높아진다. 우리가 진보라고 부르는 것은 이 바람이다.

'역사의 천사'가 헤겔적인 관찰자인 '우리'와 대치되어 있다고 보는 것이 반드시 부당하지는 않을 것이다. 역사의 승자(= 역사에 자신의 이름을 새겨 넣는 것에 성공한 자들)에게 무자각적으로 감정 이입하고, 역사상의 일련의 사건이 '진보'라는 연속체를 형성하고 있다는 전제에 서는 '우리'에 반해, '천사'는 과거의 폐허에 눈을 향한다. '역사적 유물론'의 역사가의 구체적인 행위를 끌어들여 말하자면, 멸망한 문명과 문화의 유물, 역사의 기록에서는 조연으로서 조금 언급될 뿐인 반역자라든가 사회 부적합자, 약자의 흔적을 '진보'를 증거하고 있는 것으로 보이는 압도적 다수 기록의 틈새·구석에서 찾아내고, 내버려두면 안 되었던 것으로 여겨지는 그들의 삶을 재현하고자 노력하는 것일 터이다.

  그러나 '천사' 자신도 '진보'의 바람을 정면으로 맞고 있기 때문에, 그의 노력에도 한계가 있다. 구체적으로는 역사의 넝마주이를 하는 사람 — 벤야민은 도시 표상 분석 작업에서 자주 '넝마주의Lumpensammler'에 대해 언급한다 — 에게도 자신의 하루하루 생활이 있으며, 수집을 위한 수단과 방법에서 보통의 역사가에 비해 압도적으로 불리하고, 동시에 그 부족한 성과를 '진보의 역사'에 익숙해진 사람들에게 정확히 전달하기가 어렵다는 것이다. 땅에 발이 붙어 있지 않거나 붙일 수 없다는 것이 천사 = 역사의 넝마주의의 약점임과 동시에 강점으로도 되는 것이다. '우리'도 '천사'도 대상에 대해 거리를 두지만, '역사가이자 철학자'로서의 신분을 (승리자에 의해 운용되는 정치 제도에 의해) 보증받고 있는 '우리'가 어느 정도 여유를 지닌 태도로 거리를 취하는 데 반해, '천사'는 '바람'의 힘에 밀려서 어쩔 수 없이 지상(의 이해관계)과의 사이에 거리가 생기는 것이다.

  역사의 발전에 따라 점차 강한 지반을 획득해 가는 헤겔의 '역사가'와의 다름을 강조하기라도 하듯이, 군이 불안정한 채로 머물고자 하는 벤야민적이고 넝마주의적인 '역사가'상을 내세우는 것은 포스트 구조주의를 통과한 역사·문화 연구의 하나의 정석이 되고 있다. 식민지 시대 인도의 여성과 빈농의 목소리를 어떻게 해서 듣고 해석해야 하는 것인가라는 문제를 제기한 가야트리 스피박(1942~)의 시도도 그러한 반-헤겔적인 역사의 넝마주의 작업으로 볼 수 있을 것이다.

파농의 '주인/노예'의 변증법에 대한 언급

포스트 식민주의 계열의 연구에는 헤겔을 비판적으로든 긍정적으로든 직접 참조하는 것도 있다. 프랑스령 말티니에서 흑인으로서 태어나 프랑스의 식민지 지배 아래 있었던 알제리에서 정신과 의사로서 근무하면서 식민지 문화의 정신 병리적 문제를 논의한 프란츠 파농(1925~61)은 데뷔작이 된 『검은 피부 하얀 가면』(1952)에서 '주인/노예'의 변증법에 대해 언급하고 있다.

파농의 이해에 따르면, 인간이 자기 자신에 대해 확신을 얻기 위해서는 타자의 '인정'이 필요하다. 그러나 일방적으로 '인정'을 부여받은 것으로는 진정한 의미의 자기 확신은 얻어지지 않는다. '생사를 건 투쟁'에 의한 '인정'이 아니어서는 안 된다. 헤겔은 '자기의 생사를 걸지 않은 개인은 인격으로서 인정받을 수는 있다. 그러나 그 개인은 자립적인 자기의 식으로서 인정된 상태로 된다는 진리에 도달해 있지는 않다'고 말하고 있다. 파농은 백인에 의해 형식적으로는 시민으로서의 대등한 지위를 인정받은 구식민지의 사람들이 실제로 놓여 있는 상태야말로 바로 그에 해당한다고 분석한다. 백인은 참으로 그들을 대등한 인간으로 인정한 것이 아니라 자신들의 경제적인 사정에서 '해방'을 해주고 보호자인 것 같은 태도를 취하고 있는 데 지나지 않는다.

파농은 참된 상호 인정을 달성하기 위해서는 동정에서 주어진 지위에 대해 생사를 건 투쟁이 필요하다고 주장한다. 그것은 이 저작이 간행될 당시에 식민지 상태에 놓여 있었던 아프리카와 인도차이나, 카리브해의 프랑스령에서 살아가는 사람들에 대한 해방 투쟁에로의 호소이기도 했다.

'헤겔이 쓸 수 없었던 것'

아도르노와 벤야민 등 프랑크푸르트학파의 연구에 몰두해 온 미국의 정치 철학자 수잔 벅-모스는 『헤겔, 아이티, 보편사』(2009)에서 '주인/노예'의 변증법에 대해 헤겔이 감히 '말하지 않은 것'에 주목하여 헤겔을 당시의 세계사에 결부시켜 논의하고 있다. 프랑스 혁명 당시 프랑스의 식민지였던 아이티에서는 인권 선언의 영향을 받은 흑인 노예에 의한 반란이 일어나고, 1804년에 역사상 최초의 흑인을 중심으로 한 공화국의 수립이 선언되었다. 이것은 당시 유럽의 지식인들에게 커다란 충격을 주었다. 헤겔도 당시 구독하고 있던 잡지로부터 이 혁명의 경위를 꽤 알고 있었을 것이다. 벅-모스는 『정신현상학』에서 '주인/노예'의 관계를 기술할 때 최근에 일어난 '노예'와 '주인'의 힘 관계의 역전을 염두에 두지 않았을 리가 없다고 추론한다.

많은 헤겔 연구자는 헤겔이 아이티 문제에까지는 관심을 기울이지 않았기 때문에 직접 언급하지 않았을 것이라는 점을 암묵적인 전제로 하고 있지만, 벅-모스의 말을 빌리자면, 그것은 연구자 자신의 편견이다. 실제로 『법철학 요강』의 246~248절에 걸쳐 시민 사회가 자기의 경제 활동의 한계를 돌파하기 위해 해외로 진출하고 식민지를 건설하게 되는 것을 화제로 하고, 그것을 자기의 인륜 체계 속에 자리매김하고 있다.

247절에서는 해외와의 거래가 확대됨으로써 시민 생활이 유동화하고, 멀리 떨어진 나라들 사이의 계약을 중심으로 법적 관계가 형성되고 있는 것을 교양＝문화 형성Bildung의 가장 커다란 수단이라고 하여 긍정적으로 평가하고 있다. 248절은 서구 나라들의 식민Kolonisation을 화제로 하고 있다. 고대 그리스의 폴리스가 행한 조직적 식민과 달리 독일 영방들로부터의 식민은 본국과 연락이 없고 본국에 이익을 가져다주지 않는다는 것을 지적하고 있다. 이것은 언뜻 보아 19세기 후반에 전개된 것과 같은, 본국이 관리하는 식민지 정책을 권장하는 것으로 보이지만, 다른 한편으로 영국과 스페인의 식민지에서 독립전쟁이 일어나 식민지 해방Befreiung der Kolonien과 노예 해방Freilassung der Sklaven이 달성된 것에 대해 언급하고, 두 개의 해방은 조국 및 노예 소유자에게 가장 커다란 이익이 된다고 분명히 말하고 있다. 잘 알려져 있듯이 영국령의 북미 13개의 식민지가 독립 선언을 내놓은 것은 1776년의 일이다. 스페인령의 라틴 아메리카에서는 1810년경부터 현지에서 태어난 백인을 중심으로 한 독립전쟁이 일어나 『법철학 요강』이 간행될 무렵에는 베네수엘라, 아르헨티나, 칠레, 파라과이, 콜롬비아, 멕시코 등이 독립을 선언하고 쟁취했다.

또한 『역사 철학 강의』에서는 「서론」의 끝부분에서 '아프리카'에 대해 언급하고 있다. 사하라 사막 이남의 본래의 '아프리카'는 '세계사'에 속하지 않는 지역이라는 자리매김이 이루어져 본래의 역사가 시작된 동양 세계와의 대비를 위해 인용되는 데 지나지 않는다. 그럼에도 국가 체제, 종교, 노예제 등에 대해 어느 정도 정리된 기술이 있으며, 아샨티 왕국(가나), 다오메이 왕국(베닌) 등의 흑인 국가가 언급되고 그 특징이 이야기되고 있다.

이러한 관심의 넓이로부터 생각하면, 헤겔이 아프리카로부터 노예로서 끌려온 흑인들에 의한 아이티 혁명과 흑인들 사이에서 태어난 새로운 종교이자 혁명의 원동력이기도 했던 부두교에 대해 언급하지 않는 것은 확실히 부자연스럽다. 헤겔이 구상하고 있던 '세계사'의 틀로 수습되지 않을 뿐만 아니라 정신의 발전 법칙에 대해 너무나 이질적이기 때문에, '역사가 시작되기 전'이라든가 '역사의 난외'라는 형태로 언급하는 것조차 주저한 것일지도 모른다고 생각된다. 그렇다면 이제는 그러한 '헤겔이 쓸 수 없었던 것'을 주류로부터 남겨진 역사의 단편으로부터 읽어낼 수 있는 '역사의 천사' 차례일지도 모른다. 헤겔의 '역사 = 철학'은 대단히 체계적으로 전개되고 있고, 현대인도 좀처럼 벗어버릴 수 없는 '진보'의 신화와 깊은 곳에서 결부된 까닭에, 간단히 부정될 수 없다. 바로 그런 까닭에 그것은 벤야민과 리오타르와 같은 반-헤겔의 첨예화된 사유를 환기하고 계속해서 철학적 논쟁의 초점이 되고 있다.

후기를 대신하여 — '이유'가 상실될 때

헤겔의 현대 사상에서의 위치

고단샤 현대신서 편집팀의 오카베 히토미 씨에게서 '헤겔의 현대적 의의에 관해 써 주시겠습니까?'라는 권유를 받고 나서 그것을 '헤겔의 현대 사상(철학)에서의 의의'라고 해석하여 이 책을 구상했다. 평소 개별 사상가의 '입문서'를 쓰는 일이 많은 까닭에, 이따금 전형적인 입문서가 아닌 것을 써 보고 싶다는 막연한 욕구도 있었지만, 실제로 분석 철학과 정치 철학, 포스트 구조주의 등의 현실적인 논의에서 헤겔의 이름을 자주 만나게 된다는 생각이 들기도 했다. 헤겔의 현대 사상에서의 자리매김에 대해 생각할 좋은 기회라고 생각했기 때문에, 개인적으로 관심을 지니고 있던 주제들을 가능한 한 서로 관련시키면서 정리해 보았다.

본문을 읽어보면 알겠지만, 서로 그다지 접점이 없다고 생각되는 분석 철학, 프랑크푸르트학파, 라캉학파 정신분석, 포스트 구조주의 계열의 담론 분석, 젠더 연구, 포스트 식민주의 연구가 헤겔의 '역사' 개념과 '인정' 개념을 매개로 하여 의외로 깊은 곳에서 연결되어 있다는 것이 확인될 수 있었다. 그것은 나 개인에게도 수확이었다. '욕망'이라는 주제를 둘러싼 니체, 바타유, 라캉, 들뢰즈, 가타리, 지젝 등과의 관계나, 하이데거가 『존재와 시간』에서 제시한 헤겔의 시간론에 대한 해석도 마음에 걸리지만, 그러한 방면에까지 손을 대면 대폭 매수가 늘어나고 정리도 좋지 않게 될 것이며, 헤겔 자신의 텍스트로부터 더욱 먼 곳으로 나아갈 수밖에 없어 이번에는 단념했다. 언젠가 다른 기회에 논의하고 싶다는 생각이다.

이 책을 써나가는 과정에서 최근 일본 국내의 주요한 헤겔 연구 문헌에 부딪혀 보았지만, 그러한 문헌들 가운데 몇 가지에서 그 저자와 개인적으로 가까워지고 싶지 않다는 비뚤어진 마음을 강렬하게 느꼈다. 전문적인 주제의 철학서는 많든 적든 편벽되고 독선적이며 오만한 분위기를 만들어낸다 — 나도 지금까지 몇 개의 졸저의 후기에서 그런 종류의 것을 써왔다. 다만 '헤겔 연구자'의 그것은 상당히 독특하다.

점차로 알게 된 것이지만, 아무래도 '그들'에게는 극히 좁은 연구 서클 안에서만 통용되는 헤겔 독해의 '상식'을 자명한 이치처럼 간주하고, 느닷없이 꺼내 드는 경향이 있는 듯하다. 그리고 그 '상식'을 받아들이지 않는 자를 아무것도 알지 못하는 놈이라든가 기초가 돼먹지 못한 놈이라고 모독하는 것은 그럭저럭 좋은 것이라고 해도, 헤겔을 왜곡하고 헤겔 철학의 풍요로운 성과를 은폐하고자 하는 파렴치한 무리로서 정치적인 의미를 담아 공격하기까지 하는 것이다. '헤겔 업계'가 하나의 통반석이라고 한다면, '그들'의 '상식'을 일단 받아들이고 비판하며 살며시 회피하여 그 나름대로 손을 쓸 수가 있겠지만, '그들'은 상당히 작은 그룹으로 분산해 있는 듯하므로 누구에게 조준을 맞추어야 하는지 알 수 없다. 어디에서 총알이 날아오는 것인지도 알 수 없다. 요컨대 나로서는 그들을 예전의 좌익 분파들로 보고 싶은 것이다 — 실제로 안보·전공투 세대에 속하는 선배 헤겔 연구자들에게는 (이전의) 좌익이 많다.

서클과 업계가 크고 작음에 관계없이 철학자가 자신들의 '상식'을 굳게 지키는 것이 '정의'인 것처럼 생각하는 것은 본말이 전도된 이야기이지만, 헤겔과 같이 '이성'의 보편성을 강하게 내세운 가장 근대적인 철학자의

'신봉자'들의 편협함은 눈에 띄지 않을 수 없다. 하이데거와 아렌트의 연구자, 맑스주의자, 과학 철학 연구자, 생명 윤리학자, 페미니스트 등의 편협함이라면 당연히 그럴 수 있다고 생각된다 — 본인들은 전혀 그렇게 생각하지 않겠지만, 친구의 '상식'을 모든 사람이 받아들여야 할 상식인 것처럼 착각하는 것이라면, 아무것도 모르고 우쭐대는 촌사람이나 인터넷 상의 한가한 사람들의 서클과 큰 차이가 없다.

'이유의 공간'론을 둘러싼 논의

조금 진지한 이야기로 돌아가자면, 콰인, 데이비슨, 셀라스, 로티, 맥도웰, 브랜덤 등, 분석 철학 계열임에도 불구하고 헤겔과 친화성이 있다고 보이는 철학자들은 인간의 행동을 지배하는 원리로서 물리적 인과관계로 단순히 환원될 수 없는 '이유reason'의 네트워크의 존재를 문제로 한다. 간단히 말하자면, 생물학적인 반응이라고 말하는 것만으로는 설명할 수 없는 인간에게 고유한 행위는 모종의 형태로 타자를 염두에 두고 있으며, 각각의 행위 주체는 타자에 대해 설명할 수 있는 '이유'를 — 그 '이유'가 현실화하는가 아닌가는 별도로 — 요구하고 있다고 하는 것이다.

이러한 '이유의 공간'론을 둘러싼 논의는 롤스와 하버마스의 숙의 민주주의론의 핵심에 놓여 있는 '공공적 이유 = 이성public reason'론과도 통한다. '공공적 이유'란 공공적인 장에서의 논의에서 어떠한 특수한 종교나 세계관을 받드는 집단도 무시할 수 없는, 적어도 정확하게 반론하지 않으면 안 된다고 생각하게 하는, 일반적으로 통용되고 있는 '이유'이며, '공공적 이성'은 그것을 이해하고 스스로 사용하는 능력이다. 본문 가운데서도 이야기했듯이, 하버마스의 의사소통 행위 이론은 인간이 '이유'를 주고받으며 합의하고자 하는 존재라는 전제에 서 있다. 그 '이유'의 형식과 내용, 그리고 사람들이 그것을 운용하는 능력이 점차로 좀 더 보편적인 것으로 진화해 간다고 주장하는 점에서, 그는 부드러운 헤겔주의자다. 현대 헤겔주의자의 다수는 하버마스나 브랜덤의 논의를 전면적으로 받아들이지는 않으면서도 헤겔이 말하는 '정신'의 자기 전개를 '이유의 공간의 역사적 발전 과정으로 이해하는 견해는 받아들일 수 있을 것이다.

인간은 '이유'를 주고받는 살아 있는 존재이며, 어떠한 상대와도 서로 이야기할 가능성이 있다는 인간관은 매력적이다. 그렇게 생각하면 안심한다. 그러나 현실을 살펴보면, 그 안심의 느낌은 곧바로 흔들린다. 자신의 '이유'를 일방적으로 지껄여 대고 타인의 '이유'에는 전혀 귀 기울이지 않는 편리한 두뇌가 만들어 낸 고집스럽고 고루하며 나쁜 권위주의 덩어리와 같은 노철학자와 그 신봉자, 마치 그 복사본과 같은 인터넷상의 수많은 ●●클러스터들.

가나자와대학의 (기계 공학의 최적화 연구의 개척자였어야 할) 학장과 (분석 철학을 전문으로 하고 있어야 할) 교육 담당 이사는 학생들의 장래 직업에서의 요구, 교육상의 효과, 각 전문 분야의 실정 등을 전혀 조사하지 않고서 자신들이 직관적으로 좋다고 생각한 방침을 '가나자와대학 초연○○ 프로젝트', '가나자와대학 글로벌△△'라 이름 짓고 다짜고짜로 실행하려고 한다. 교원 등으로부터 제기되는 반론(이유)은 전혀 이해하지 못하든가 흘려듣는다. 그뿐만 아니라 자기 자신의 이전 발언(이유)도 잊어버리고, 모순(반대하는 이유)을 지적받고서도 전혀 반응하지 않는다. 그들은 헤겔이 상정할 수 없었던 '동물'인가? 내가 소속해 있는 법학부 회의에서는 법학과 정치학을 전공하는 교원들이 학장들이 입에 올리는 이유들이 부당하다는 것을 입증하기 위한 논리를 ─ 본인들이 없는 곳에서 ─ 전개한다. 학장과 이사들을 법적인 이유에서 구속할 수 있는 것처럼 말이다. 나도 2년 정도 전까지는 회의에 아무 생각 없이 참가했지만, 최근에는 그러한 것은 음양도의 주문으로 요괴의 행동을 붙들어 매고자 하는 것과 같은 것으로 생각하고 나서 관심과 의욕을 잃었다 ─ 법학자가 사랑하는 '이유'는 법학의 권위를 믿는 사람들 사이에서는 그런대로 신통력을 발휘하는 주문이다. 가나자와와 같이 대중 매체의 주목을 받는 일이 적은 시골의 대학에서는 학장, 이사, 의학부의 교수와 같은 권력자들이 아무리 모순으로 차 있고 무책임한 말을 멋대로 지껄이더라도 손해를 입지 않는다 — 그들이 '이유'에 대해 둔감한 탓에 나는 아무렇지도 않게 이러한 것을 쓸 수 있지만 말이다.

그러한 현실이 싫어지는 한편, 국회 심의나 기자 회견 등에서 수상과 각료, 고위 관료, 지방의 수장 등이 추궁을 당하고서 무언가 '대답'하려고 애쓰는 장면을 TV나 동영상으로 보면, 인간은 내실은 어찌 되었든 역시 '이유'에 구애되는 존재인가라는 생각도 하게 된다. 상당히 철면피 같은 캐릭터라도 공공의 장에서 '이유'를 요구받고 그 의미가 이해될 수 있으면 차분해지게 된다. 앞에서 거론한 오만한 꼰대 교수나 비상식적인 '상식'을 휘두르는 트위터러, 내부의 학장이나 이사들도 아무런 자각 없이 '이유'로부터 도피하고 있는 것인지도 모른다. 그렇게 생각하면, 다소 기분이 맑아진다. 어쩌면 헤겔도 보편적 '이성'을 발견한 것이 아니라 보편적 '이성'에 의지하고 싶어지고 그것을 추구하지 않을 수 없는 '우리'를 발견했던 것인지도 모른다.

2018년 8월 16일
왠지 모르게 우울한 가나자와대학 가쿠마 캠퍼스에서
나카마사 마사키

옮긴이 후기

이 『헤겔을 넘어서는 헤겔』은 仲正昌樹, ヘーゲルを越えるヘーゲル, 講談社現代新書, 2018을 옮긴 것이다.

저자 나카마사 마사키는 일본의 철학자·사상사학자로서 전공은 정치사상사·사회사상사·사회철학이다. 그는 현재 가나자와대학 법학부 교수이며, 문학과 정치, 법, 역사 등의 영역에서 폭넓은 저술 활동을 전개하고 있고, 특히 독일 근대 철학에서 현대 자유주의 사상에 이르기까지 현대 철학의 다양한 흐름을 능란한 솜씨로 전달해 주고 있다. 『'숨겨진 신'의 흔적 ― 독일 근대의 성립과 횔덜린』, 『'부자유'론』, 『데리다의 유언』, 『집중 강의 ― 일본의 현대 사상』, 『악과 전체주의』, 『왜 지금 한나 아렌트를 읽어야 하는가?』, 『발터 벤야민 ― '위기' 시대의 사상가 읽기』, 『막스 베버 읽기』, 『하이데거 철학 입문 ― '존재와 시간' 읽기』, 『현대 철학의 최전선』 등의 수많은 저서와 그밖에 수많은 공저와 편저 및 역서가 있다.

저자는 이 『헤겔을 넘어서는 헤겔』에서 '헤겔의 현대 사상에서의 의의'를 염두에 두면서 헤겔 철학에 관해 이야기하고자 한다. 그래서 그는 맑스, 키르케고르, 포퍼, 코제브, 하이데거, 아렌트, 라캉, 아도르노, 로티,

하버마스, 데리다, 지젝, 테일러 등등의 후세 사상가들에게 헤겔이 어떻게 읽혔으며, 나아가 분석 철학, 프랑크푸르트학파, 라캉학파 정신분석, 포스트 구조주의 계열의 담론 분석 등, 서로 그다지 접점이 없다고 생각되는 현대 사상의 흐름들이 헤겔을 매개로 어떻게 연결되어 있는지 보여주려고 한다.

원래 헤겔 사상에 대한 일반적인 소개라면 젊은 헤겔에 대한 프랑스 혁명의 영향이나 초기 헤겔의 그리스도교 신학과의 비판적 대결로부터 시작하여『정신현상학』,『논리의 학』,『엔치클로페디』,『법철학』,『역사 철학 강의』를 비롯한 다양한 강의들의 순서로 헤겔의 체계가 완성되어 가는 과정을 묘사하고, 헤겔이 근대 철학의 주요 주제들 대부분을 포괄하는 형태로 자기의 체계를 다듬어 나간 한에서 헤겔의 체계적 사유 내지는 체계의 각 부분과 현대 철학의 연관을 서술해 보여줄 것이다.

그러나 헤겔이라는 거대한 체계 사상을 해체하고자 하는 현대 사상의 맥락에서 바로 그러한 까닭에 빈번하게 참조되는 헤겔이라는 기묘한 존재를 몇 가지 현실적인 주제에 근거하여 그려 보이고자 하는 이『헤겔을 넘어서는 헤겔』은 헤겔이 현대 철학에서 수행하고 있는 역할로부터 거꾸로 더듬어 가는 형태로 헤겔 철학의 의의를 다시 생각하려고 한다. 물론 그러한 소개에 일정한 초점이 없는 것은 아닌데, 요컨대 저자는 난마와 같이 복잡하게 얽혀 있는 상태를 풀어내는 키워드로 '역사'와 '인간' 그리고 '인정'과 '공동체' 개념을 사용하고 있다. 그래서 이 책은 "서문 ― 헤겔의 무엇이 중요한가?", "제1장 '역사의 종언'과 '인간'", "제2장 '주인'과 '노예'의 변증법", "제3장 인정론과 공동체", "제4장 '역사'를 보는 관점", "후기를 대신하여 ― '이유'가 상실될 때"로 전개되고 있다. 우리는 이러한 나카마사 마사키의 논의를 읽어나가면서 한편으로는 '헤겔 이후'의 사상가들이 독자적인 헤겔 해석으로 헤겔 그 이상을 드러내고 헤겔을 넘어서고자 하고 있다는 인상을 얻게 되지만, 다른 한편으로는 그러한 인상을 확인해 나가는 어느 사이엔가 미처 의식하지 못했던 다양한 헤겔의 모습이 다시 되살아 나타난다는 기묘한 느낌을 지니게 된다.

사실 헤겔과 대결하는 '헤겔 이후' 사상가들의 사유는 현대 철학에서 가장 풍요로운 움직임 가운데 하나이며, 그것은 우리에게 현대 사상으로 들어가는 하나의 가능한 길을 제시한다. 우리는 그 움직임을 헤겔에 대한 일련의 복잡한 반응으로 이해할 수 있지만, 그것은 실존주의와 맑스주의 및 현상학으로부터 비판 이론과 포스트 구조주의 그리고 네오프래그머티즘의 헤겔과의 대결을 형성한다. 거기서 전면에 떠오르는 것은 불행한 의식, 주인/노예 변증법, 인정 투쟁이라는, 독일의 비판 이론뿐만 아니라 전후 프랑스 철학에서도 매우 풍요로운 결과를 가져온 주제들이지만, 또한 근대성의 문제, 인정 이론, 변증법의 해체도 헤겔 사유에 깊이 빚지고 있는 주제들이다. 다른 한편 헤겔은 분석 철학의 발전에 대체로 부정적인 영향을 끼쳤지만, 이러한 상황은 최근 '분석적 신헤겔주의'의 출현과 더불어 변화를 보이기 시작했다.

이런 맥락에서 헤겔 이후 철학의 경로를 떠올려 보자면, 먼저 헤겔 철학의 올바른 해석을 둘러싸고 서로 경쟁하는 '우파'와 '좌파' 헤겔학파 그리고 헤겔 사상에 대한 가장 유명한 두 가지 비판, 즉 키르케고르의 실존주의와 맑스의 유물론은 이후 헤겔을 둘러싼 사상 발전을 위한 개념적 기반을 형성한다. 그 후 맑스주의 철학자 게오르크 루카치의 물화라는 주제와 실존주의 현상학자 마르틴 하이데거의, 데카르트적 형이상학자로서의 헤겔에 대한 비판은 독일 비판 이론에서의 헤겔 전유와 프랑스 포스트 구조주의에서의 헤겔 비판을 위한 무대를 정립한다. 이 노선은 아도르노와 호르크하이머의 『계몽의 변증법』과 아도르노의 부정 변증법으로 이어져 근대적 이성, 사회, 문화 및 주관성 구상들에 대한 다양한 비판을 형성하고, 상호 주관성과 근대 사회의 비판 이론을 발전시키기 위해 헤겔의 인정 개념을 강조하는 위르겐 하버마스와 악셀 호네트의 작업도 낳고 있다.

물론 우리는 이 경로에서 장 발의 실존주의적 헤겔주의와 알렉상드르 코제브의 하이데거—맑스주의적 헤겔 독해 그리고 헤겔에 대한 장—폴 사르트르의 실존주의적 비판과 헤겔적 실존주의에 대한 메를로퐁티의 설명, 그리고 포스트 구조주의 사상가 질 들뢰즈와 자크 데리다에 의해 표현된 헤겔에 대한 급진적 비판이라는 이른바 프랑스적 흐름, 즉 포스트 헤겔주의적인 차이의 철학을 구축하려는 복잡한 '해체'의 시도를 빼놓을 수 없을 것이다. 나아가 비판 이론과 포스트 구조주의에서 발견되는 헤겔에 대한 비판을 통합하는 가운데 헤겔적 주제들을 생산적으로 전유하고자 하는 주디스 버틀러와 슬라보예 지젝과 같은 현대 사상가들과 로버트 브랜덤과 같은 '포스트 분석' 철학에서의 헤겔 르네상스도 현대 사상과 헤겔이 맺는 연관의 풍요로움을 증명하고 있다.

　　그래서 우리는 여기서 헤겔의 불행한 의식과 주인/노예 변증법을 강조하고 헤겔 변증법을 차이의 철학으로 전환하려고 시도하는 한편의 흐름과 헤겔의 근대성 이론과 확장된 합리성 이론을 옹호하고 사회적 상호 주관성 이론의 부분으로서 인정을 강조하는 다른 한편의 흐름으로의 분화와 대결을 확인할 수 있다. 그러나 헤겔 사유의 다원적이고 서로 충돌하는 본성에 관한 적절한 이해야말로 헤겔에 대한 접근의 올바른 길이라면, 우리는 헤겔 이후 헤겔을 둘러싼 서로 충돌하는 엇갈린 대결의 모습이야말로 화해를 준비하는 생산적인 투쟁이라는 헤겔적 사유의 또 다른 전개라고 이해할 수 있을 것이다.

　　사실 현대 철학의 연구 동향과 문헌 흐름에 밝은 심철민 선생에게서 처음 이『헤겔을 넘어서는 헤겔』을 소개받고 옮기는 작업에 착수했을 때 옮긴이의 뇌리에 떠오른 것은 어느 헤겔 연구 논문에서 읽은 다음과 같은 미셸 푸코로부터의 인용문이었다. "그러나 헤겔로부터 현실적으로 벗어나기 위해서는 그와의 관계를 끊는 것이 우리에게 어떠한 대가를 치르게 하는지를 고려해야만 한다. 다시 말하면 우리는 헤겔이 어느 정도까지 우리를 은밀히 뒤밟고 있는지, 그리고 헤겔에 반대하는 우리의 사유 속에서 무엇이 또한 헤겔로부터 유래하는 것인지를 알아야만 한다. 우리는 그에 대한 우리의 돌격마저도 얼마만큼이나 그 뒤에 숨어 ― 움직이지 않으면서 어느 다른 곳에서 ― 우리의 동정을 살피기 위한 그의 간계인지를 깨달아야만 한다." 즉 우리는 '전혀 다른 것'이라는 기치를 내걸고 전통적 사유 일반과 더 이상 아무런 관계도 지니지 않으려 하는 프랑스의 저 현대주의적 논의에서마저도 헤겔이라는 이름이 '죽은 개'의 모습 대신에 오히려 우리의 사유 작업의 완수를 촉구하는 후견인의 모습으로 자리잡고 있다고 인정하지 않을 수 없는 것이다. 그런 의미에서 이제 옮긴이로서는 이 나카마사 마사키의 『헤겔을 넘어서는 헤겔』이 스스로 인간과 세계 그리고 역사적 시대를 사유하고자 하는 독자들에게 다시 한번 시대를 사상 속에서 파악하는 추동력을 제공하기를 바랄 뿐이다.

도서출판 b가 야심 차게 기획한 헤겔총서가 2012년에 프레더릭 바이저의 『헤겔』을 제1권으로 출간한 이후 이제 이 『헤겔을 넘어서는 헤겔』을 그 제11권으로 내놓게 되었다. 언제나처럼 조기조 대표와 편집부의 김장미, 문형준 선생은 좀 더 매끄러운 마무리를 위해 애써주셨지만, 옮긴이로서도 이제 헤겔총서의 본래 기획에 합당한 성과를 산출하기 위해 애씀으로써 그 분투에 보답할 수 있기를 바랄 뿐이다. 물론 이번에도 이성민, 복도훈, 최진석, 이충훈 선생들께서는 관심과 격려를 아끼지 않으셨고, 앞에서 언급했듯이 특별히 심철민 선생께서는 옮긴이가 게으르지 않도록 박차를 가해주셨다. 이 자리를 빌려 선생들께 고마운 마음을 전하고, 우정의 연대로 되돌려 드릴 것을 다짐한다.

2025년 3월
의왕 학의천변 우거에서
이신철

헤겔 총서 11

헤겔을 넘어서는 헤겔

초판 1쇄 발행 ● 2025년 03월 25일

지은이 ● 나카마사 마사키
옮긴이 ● 이신철
펴낸이 ● 조기조

펴낸곳 ● 도서출판 b
등 록 ● 2003년 2월 24일 (제2023-000100호)
주 소 ● 08504 서울시 금천구 가산디지털2로 169-23 가산모비우스타워 1501-2호
전 화 ● 02-6293-7070(대)
팩 스 ● 02-6293-8080
이메일 ● bbooks@naver.com
누리집 ● b-book.co.kr

ISBN 979-11-92986-35-7 93160
값 ● 22,000원